KB108194

나만 잘사는 **자본주의에서**
함께 잘 사는 **사회적 경제로**

나만 잘사는 자본주의에서 함께 잘 사는 사회적 경제로

발행일   2018년 8월 22일

지은이   이 정 식
펴낸이   손 형 국
펴낸곳   (주)북랩
편집인   선일영   편집 오경진, 권혁신, 최예은, 최승헌, 김경무
디자인   이현수, 김민하, 한수희, 김윤주, 허지혜   제작 박기성, 황동현, 구성우, 정성배
마케팅   김회란, 박진관, 조하라
출판등록   2004. 12. 1(제2012-000051호)
주소   서울시 금천구 가산디지털 1로 168, 우림라이온스밸리 B동 B113, 114호
홈페이지   www.book.co.kr
전화번호   (02)2026-5777   팩스 (02)2026-5747

ISBN   979-11-6299-279-1 03320 (종이책)   979-11-6299-280-7 05320 (전자책)

잘못된 책은 구입한 곳에서 교환해드립니다.
이 책은 저작권법에 따라 보호받는 저작물이므로 무단 전재와 복제를 금합니다.

이 도서의 국립중앙도서관 출판예정도서목록(CIP)은 서지정보유통지원시스템 홈페이지(http://seoji.nl.go.
kr)와 국가자료공동목록시스템(http://www.nl.go.kr/kolisnet)에서 이용하실 수 있습니다.
(CIP제어번호 : CIP2018026186)

(주)북랩 성공출판의 파트너
북랩 홈페이지와 패밀리 사이트에서 다양한 출판 솔루션을 만나 보세요!
홈페이지 book.co.kr   ·   **블로그** blog.naver.com/essaybook   ·   **원고모집** book@book.co.kr

일하는 사람이 분배에서 소외되지 않는 세상을 만들기 위한 실천적 모색

나만 잘사는
자본주의에서

함께 잘 사는
사회적 경제로

이정식 지음

북랩 book Lab

prologue

〜〜〜〜〜
〜〜〜〜〜

　사회적 경제라는 개념을 이해하고 우리가 사는 세상을 바라보면 분명 뭔가 부족하고 불합리한 부분이 있다는 것을 발견하게 된다. 현재 세계적으로 거의 유일한 경제체제 이념인 자본주의 경제체제는 느리지만 조금씩 의미 있는 전진을 하고 있다. 하지만 자본주의 경제체제는 발달과정에 여러 문제들을 드러냈는데 왜 우리는 이런 자본주의 경제체제의 발전 과정에서 나타난 여러 차별과 불평등을 그저 감수하고 참아야 하는 것 정도로 생각했을까 하는 의문이 든다. 소위 요즘 말하는 금수저, 흙수저 이야기를 굳이 하지 않더라도 우리는 혹시 날 때부터 생기는 그 차별과 불평등을 오히려 은근히 부러워하기까지 한 것은 아닌가? 운동경기나 간단히 취미로 하는 게임에서도 룰을 지키지 않을 경우 그렇게 흥분하고 따지고 비판하며 책임을 묻는 것이 당연한 것이라 생각하면서 모두가 함께 살아가는 경제체제 내에서 그라운드 룰이 지켜지지 않는 것에는 너무나 관대했다.

　나는 그동안 사회적 경제의 개념을 알리기 위해 여러 사람들과 만나 많은 이야기들을 했는데 막상 사람들과 이야기하다 보면 너무 어려운 이야기이다, 나와는 상관이 없다, 사회주의적인 생각이 싫다 등등 오히려 차별을 겪고 있는 보통 시민들이 더 이 문제에 대하여 터부시 하는 경우를 종종 보게 되었다. 복싱 경기를 하는 작은 링 위에 초등학생과 100kg 넘는 헤비급 선수가 올라가 경기를 한다면 우리는 누구나 그 경기 자체가 문제가 있다고 느낄 것이다. 같은 글러브를 끼고 같은 링 위에 있다고 해서 평등한 경기라고 이야기 할 사람은 없을 것이다. 그런데 왜 우리는 삶의 질과 밀접한 관계가 있는 경제생활 전반에서 볼 수 있는 여러 차별에 대하여는 잘 비판하지 못하는 것일까?

아마도 그것은 이해가 부족해서 일 것이다. 경제체제에 대한 약간의 지식이 없기 때문일 것이다. 그리고 내가 그 가운데 있다는 인식을 하지 못해서일 것이고, 은근히 지금 세상의 룰이 나에게 오히려 유리한 것 아닐까 하는 안일한 생각을 해서 일 것이다. 그러나 결국 어느 순간 나도 그런 차별과 불평등에 노출될 수 있고, 그때서야 이래서는 안 되는 것이구나 하고 느끼게 될 것이다. 사실 모든 사람이 이런 경제 체제상의 문제점에 대하여 같은 문제의식을 가지고 있다면 분명 현명한 해결 방안도 도출될 수 있다.

문제점을 인식한다는 것은 약간의 지식과 이해에서 출발한다. 그래서 이 책을 쓰고 싶었다. 이 책에서 자본주의 경제 전반에 걸친 어떤 해결책을 제시하거나 대단한 정책 대안을 내놓고 있는 것은 아니다. 엄청난 자료와 데이터를 분석하고 분석 결과를 토대로 광범위한 현안 파악을 했다고 볼 수도 없다. 하지만 인식을 위한 기본적인 이해와 지식을 제공한다. 그리고 누구나 쉽게 자본주의 경제체제에 어떤 문제들이 있는지 공감할 수 있게 비교적 평이한 내용들로 구성되었다. 이 책을 통해 사회적 경제라는 개념과 자본주의 발전 과정에서 노출된 문제점들에 대한 이해를 조금은 할 수 있을 것이다. 그리고 그것이 내 생활과 어떤 연관이 있는 가늠해 볼 수 있을 것이다. 바로 이런 점에서 이 책은 어떤 변곡점이라고 할 수 있다. 아주 평범한 사람들이 사회적 경제라는 자본주의 발전 단계에서 나타난 진보적 개념에 대한 이해의 시작을 하게 되는 지점이라 할 수 있다.

나는 이 글들을 포천시공동체 지원센터에서 '사회적 경제의 이해'라는 강좌를 강의하면서 쓰기 시작했다. 그 전에 단편적으로 몇 번 관련 글들을 기고하듯 쓴 적이 있긴 하지만 이렇게 작정하고 순서를 정해 쓰긴 이번이 처음이었다. 그리고 여러 사람들과 공감하기 위해 지역 언론에 기고 형식으로 연재하였고, 그 글들이 서로 엮여 이렇게 하나의 책으로 나오게 된 것이다. 막상 쓰고 보니 너무 미숙하고 부족한 부분이 눈에 많이 들어왔다. 과연 이 정도 글을 책으로 만드는 것이 옳은 일인가 싶어 부끄러운 생각도 들었다. 그러나 함께 고민한 많은 사람들 특히 늘 마음으로 늘 응원해준 아내의 용기 어린 충고에 힘을 얻어 감히 세상에 내보내기로 했다. 이 자리를 통해 나와 함께 가시밭길이라 할 수 있는

(사)포천행복공동체 공동이사장을 맡고 계신 이수인 이사장님, 사회적 경제 문제를 함께 고민해온 (사)포천행복공동체 이사님들과 여러 회원들 그리고 언론의 연재를 도와주신 하승완 포천일보 사장님께도 감사의 인사를 드리고 싶다.

2018년 7월 포천에서

이정식

contents

× × ×
× × ×

자본주의 경제 체제

▼▼▼
▼▼▼

자본주의란?

자본주의 경제 체제는 지난 몇 세기 동안 인류의 발전을 견인하는 사회 규범이자 틀로서의 역할을 수행해 왔다. 과학기술의 발달을 촉진하고 의학과 기초 학문을 장려했으며, 일상생활에서부터 다양한 법규범까지 망라하여 우리 사회에 군림해 온 가장 기본적인 경제 체제로 자리 잡아 왔다. 물론 이런 자본주의 경제 체제 이전에도 인류는 물건을 만들고 장사를 하며 경제활동을 했다. 고대 메소포타미아 문명에서부터 황하 문명에 이르기까지, 지구상에서 상행위를 통한 경제활동을 하지 않은 곳은 없었다. 하지만 자본주의 경제 체제처럼 집약적이고 체계적인 경제 체제를 통해 전 세계가 같은 생각으로 움직이게 만든 경제 사조는 없었다.

자본주의 경제 체제는 오랜 기간 인간이 터득하고 발전시켜 온 여러 이론과 사상들을 집대성하여 탄생시킨 것이다. 비록 단점이 많다 하더라도, 근대와 현대를 이어 주는 인류의 주요 경제 사상이라고 할 수 있다.

과연 자본주의 사상은 언제부터 우리의 생활을 지배하는 주요 경제 체제의 근간으로서 역할을 해왔을까? 자본주의 경제는 산업화라는 사회 변화와 궤를 같이했다고 할 수 있다. 농업이 근간을 이루던 산업화 이전 사회와는 분명히 다른 모습을 보이면서 자본주의 사회는 태동했다. 18세기부터 점차 모습을 드러내기 시작하더니, 19세기에는 유럽을 중심으로 농업을 밀어내고 주요 산업으로 자리를 잡기 시작했다. 그리고 산업혁명이라 불리는 2차 산업, 즉 제조업의 발달을 이끌어 냈다.

자본주의라는 이름에서도 볼 수 있듯, 이 체제는 사유 재산을 근간으로 더 많은 이윤과 이익을 추구하는, 자본이 중심이 되는 경제 체제이다. 유럽, 특히 영국을 중심으로 이루어진 2차 산업으로의 변신은 그때까지 농업국가의 모습을 벗어나지 못한 여러 나라들과 달리, 이들 국가들에게 경제적인 번영과 강력한 군사력을 안겨 주었다. 자본주의 경제 체제는 자본의 집중을 통해 가능했다. 이전에 한 개인이 사업을 할 때보다 훨씬 큰 생산 설비와 능력을 갖추게 만들어 주었고, 기술 개발을 통해 대량 생산, 대량 소비라는 현대 시장경제의 모습을 만들어 주었다. 즉 자본의 집중이 자본주의 시작이었던 것이다.

자본주의 사상의 효시라고도 알려져 있는 아담 스미스의 『국부론』[1]에서는, 정부가 국가를 지키고 사유 재산을 보호하는 경

---

1   경제학의 고전으로 저자 아담 스미스는 부의 원천은 노동이며, 부의 증진은 노동 생산력의 개선으

찰의 역할만 담당하고, 사적 경제 분야가 스스로 발전할 수 있도록 유도해야 한다고 주장한다. 많은 사람들이 서로의 이익을 추구하기 위해 긍정적인 무한 경쟁을 할 수 있다면, 보이지 않는 손에 의해 시장질서는 유지될 것이기 때문에, 국가가 직접 개입할 필요가 없다고 강조했다. 바로 이 부분이 후일 자본주의 경제 체제의 가장 기본적인 사상이다.

하지만 보이지 않는 손에 의한 시장의 균형이라는 생각은 치명적인 약점으로 작용하게 되는 단초가 되기도 한다. 대부분의 시장질서는 민간 영역의 보이지 않는 손에 의해 좌우되기 때문에, 시장 경제의 안정과 발전을 위해 국가가 해야 할 역할을 최소한으로 제한해야 한다는 생각이 도대체 얼마나 공평하고 효과적인가에 대해 끝없는 비판을 받게 된다. 결론적으로 자본주의는 출발에서부터 자체적으로 다소 취약한 구조를 가지고 있었다고 볼 수 있다. 유한한 자원으로 만들어지는 유한한 재화를 얻기 위해 인간은 무한에 가까운 경쟁을 펼치기 마련이다. 무한 경쟁이 아니라 우아한 경쟁을 통해 누구나 수긍할 수 있는 '보이지 않은 손'이라는 시장질서를 통해 수요와 공급, 가격이 결정된다는 시장가격 이론은 모든 인간이 완전히 평등한 가운데 경쟁하는 이상적인 사회에서나 적용 가능한 모델인지도 모르기 때문이다.

비판의 시각이 있긴 했지만, 자본주의 경제 체제는 이와 같

로 이루어진다고 주장하고, 생산의 기초를 분업이라고 했다. 분업과 그에 수반하는 기계의 채용을 위해서는 자본의 축적이 필요하며, 자유 경쟁에 의해서 자본 축적을 꾀하는 것이 국부 증진의 방법이라고 했다.

은 대명제를 바탕으로 하여, 이전 시대에서는 볼 수 없던 합리적이고 기계적인 생산 과정을 통한 규모화에 성공하여, 대량 소비가 가능한 새로운 인류의 문명을 만들어 냈다. 물론 자본주의 체제의 등장으로 중산층이라 불리는 일반 시민들의 삶도 어느 정도 윤택과 풍요를 경험할 수 있었다. 하지만 대부분 자본주의 경제 체제의 이익은 소수의 가진 자들이 향유했고, 빈부의 격차라는 사회문제를 야기했다.

자본주의 경제 체제는 매우 정교하고 복잡하게 잘 만들어진 경제 이론의 바탕에서 이루어졌다. 자본주의 경제 체제에서 각 사회 분야의 주체들이 공정하게 경쟁하고, 정보를 서로 공유하며, 완전 경쟁을 실현하는 등 초기부터 주장했던 시장의 규칙을 잘 지켰다면 얼마든지 좋은 경제 체제로 발전될 수 있었다.

하지만 자본주의의 근간이라고 할 수 있는 개인의 이익 추구와 사회 전체 이익 사이의 조화가 무너졌다. 그리고 자신의 판단에 따라 누구나 자율적인 경제활동 참여가 가능해야 한다는 대명제가 더 많이 가진 자들의 왜곡된 경제 독점으로 변질되면서 오늘날의 위기 상황을 초래하게 되었다.

자본주의의 발달

자본주의를 이야기하면서 꼭 짚고 넘어가야 할 부분은 17세기 네덜란드의 동인도 회사이다. 당시 동인도 회사는 인도 같은 동양과의 무역을 통하여 향신료나 후추, 비단 등의 물품을 독점 거래하며 막대한 이익을 얻고 있었다. 하지만 항해 거리가 워낙 먼 데다 시간도 오래 걸리고 풍랑이나 해적 같은 위험 요소가 많았다. 그 때문에 한 사람이 그 모든 것을 감당하며 사업한다는 것이 쉽지 않았다. 그래서 한 사람이 모든 위험을 감수하는 과도한 투자를 피하면서, 여러 사람이 일정 금액을 나누어 투자하여 효과적으로 위험을 분산하고, 투자한 만큼만 이익을 나누자는 현대적 의미의 주식회사가 처음 나타난 곳이 바로 여기였다. 물론 배가 잘못되었을 경우에도 투자한 만큼만 손해를 서로 감당하면 되는 것이었다. 또한 한 사람이 가진 자본보다 훨씬 많은 자본을 끌어 모을 수 있었다. 그 때문에 현대적인 의미의 자본의 집중도 가능했다.

당시 상선 한 척의 건조 비용은 커다란 성을 짓는 것만큼 어마어마하게 많이 들었다. 하지만 여러 가지 원인으로 언제든지 배를 잃을 수 있기 때문에, 사람들은 이익과 위험을 적당히 분배하기 위해 현대적 의미의 주주에 해당하는 투자자를 모집하게 되었다. 이런 점에서 보면 당시 네덜란드 사람들은 자본의 집중을 통한 규모의 경제 달성과 위험 회피라는 자본주의 경제 체제의 가장 기본적인 요소를 어느 정도 인식하고 있었다고 볼 수 있다. 하지만 당시에 이들은 주주들이 이익이 날 경우 배당받을 수 있는 권리만 가지고 있다고 생각했지, 자신의 주권을 양도하거나 매매할 수는 없다고 생각했다. 게다가 일반 시민들에게는 아예 주주가 될 수 있는 방법 자체가 막혀 있었다.

동인도 회사의 주식은 거의 종신제의 신분증 같은 것이었다. 영국 출신의 '존 로(John Law)'[2]에 눈에 비친 주식회사 시스템은 무척이나 흥미로웠다. 그는 이 시스템을 잘 이용하면 더 큰 장사를 할 수 있다고 생각했다. 만일 일반 시민들이 주주가 되어 주식 매매의 대열에 참여할 경우 그 규모와 양은 폭발적일 것이라는 사실을 간파했던 것이다.

'존 로'는 영국에서 네덜란드로 건너온 사람으로서, 고향에서는 결투를 하다 상대방을 죽인 죄로 감옥에 갇히는 신세였다. 하지만 운 좋게 탈옥하여 제2의 인생을 살게 된 소설의 주인공 같은 인물이었다. 그가 이런 사업 아이템을 가지고 네덜란드를

---

2 존 로(John Law, 1671년 4월 21일~1729년 3월 21일)는 스코틀랜드 출신의 경제학자이다.

떠나 프랑스에 정착하면서, 네덜란드의 동인도 회사와 같은 주식회사 시스템을 프랑스에 도입하여 현대적인 의미의 금융 시스템이 처음으로 파리에서 가동되었다.

프랑스의 루이 15세는 영국에서 도망 나온 '존 로'의 금융개혁안을 받아들여 프랑스 총 은행(總銀行)과 서방 회사(西方會社 : 루이지애나 회사)의 설립 허가를 내주었다. 1717년 루이지애나 회사를 서(西)인도 회사로 발전시켜, 지금의 미국인 북아메리카 미시시피 강 유역의 광대한 프랑스령(領)의 개발을 시도했고, 프랑스 내에서는 이 회사의 주식을 사고파는, 주식 거래라는 붐을 일으켰다. 그가 예상한 대로 많은 사람들은 아침부터 주식을 사고팔기 위해 거래소가 있는 거리를 가득 메웠다. 그리고 바보들의 거래처럼 거래 가격은 순식간에 천정부지로 뛰어올랐다. 그는 한동안 막강한 권력인 조폐권(造幣權)과 무역 독점권을 행사하며 프랑스 재정의 중심인물로 활약했다.

그러나 지나친 지폐 남발을 통한 인플레이션이 발생하고, 초기 정착민들 대부분이 미시시피 강의 풍토병 등으로 죽는 등, 서인도 회사의 투자가 엄청난 손실을 입게 되었다. '존 로'의 미시시피 강 투자가 실패했다는 소식은 투자자들의 주식투매로 이어졌고, 주식시장이 붕괴하여 하루아침에 프랑스의 경제를 공황 상태로 만드는 원인이 되었다. 결론적으로 이야기하자면, 그의 실패한 경제 정책은 프랑스 대혁명이라는 역사의 파고를 맞게 하는 한 원인이 되기도 했다. 사람들은 휴지조각으로 변한 주식을 들고 이 사태의 책임자인 '존 로'를 잡기 위해 거리를 쏘다녔다. 결국 그는 이런 혼란을 일으킨 뒤 가족도 챙기지 못하고 도망치듯 프랑스를 떠나 여러 곳을 전전하다가, 끝내 고향으로 돌아가지 못하고 이탈리아 베네치아에서 가난하게 죽었다.

그의 이런 인생 유전보다 더 역동적으로 움직인 것이 바로 당시 프랑스의 시장 상황이었다. 당시 사람들은 금융 시스템을 제대로 이해하지 못했지만, '존 로'가 이끄는 대로 주식을 팔고 사야 돈을 번다는 말을 믿고 주식과 채권을 모으기에 급급했다. 빚을 내서 주식을 사는 사람도 허다했다.

당시 사람들의 폐쇄적인 사회구조와 부족한 금융 정보를 생각할 때, 이런 식의 투자는 어찌 보면 대단히 무모한 짓이었다. 하지만 사람들은 누구나 큰돈을 벌 수 있다는 생각에 이런 '묻지 마!' 식 투자 대열에 참여했다. 거리는 온통 돈을 들고 다니는 투자자들로 넘쳐나고, '누가 얼마를 벌었다더라!' 하는 소문들이 무성했다.

이런 일은 현대 사회에서도 종종 일어난다. 나중에 다시 다루겠지만, 금융 시스템은 절대 아무나 쉽게 돈을 벌게 해주는 마법의 상자가 아니다. 더욱이 일반 시민들의 일천한 지식과 적은 투자 자본으로 정글 같은 금융시장에서 돈을 버는 것은 거의 불가능에 가까운 일이라는 점을 말해 두고 싶다. 짧은 시간이었지만 '존 로'의 시도는 자본주의 사회가 가지고 있는 여러 가지 단점을 모두 보여주었다는 점에서 큰 의미가 있다. 그는 자본의 집중과 버블, 버블의 붕괴를 모두 보여주었다.

　자본주의의 발전과 '존 로'의 시스템이 실패한 것은 많은 부분 연관이 있다. 자본주의 경제체제에서 시장 가격은 수요와 공급의 접점으로 결정되기 때문에 시장의 자율적인 조정 기능이 매우 중요하다는 개념이 자본주의 경제를 확대시켰다기보다는, '존 로'가 그랬던 것처럼 인간의 욕심과 욕망이 시장과 파이를 키우는 역할을 했다. 자본주의 경제 체제는 향후 비슷한 상황이 발생될 때마다, 이처럼 인간의 욕심과 욕망이라는 요소가 반응하며 더욱 크게 발전하게 되었다. 이전보다 훨씬 커진 이익과 소비를 통해 사람들은 이전 인류보다 많은 것을 누리고 살게 되었지만, 그래도 '더 많이, 더 많이'를 외치며 욕심을 부렸다.

　물론 자본주의 경제 시스템이 민주주의 정치구조와 맞물릴 때 가장 합리적이고 인간적인 시스템이 될 수도 있다. 시장의 진입 장벽이 없고, 동등한 권리와 평등한 정보력으로 완전 경쟁이라는 공명한 경기의 규칙(rule)이 지켜진다면, 이 시스템보다 더 많은 사람들을 잘살 수 있게 만드는 체제도 없을 것이다. 하지만 만일 이런 기본적인 경기의 규칙이 지켜지지 않는다면, 이 사회는 약육강식의 살벌한 싸움터로 변질될 것이다. 우리는 요즘도 개인적인 욕심 때문에 기본적으로 지켜야 할 자본주의 경제 시스템을 흔들어, 많은 사람들이 피해를 보게 만드는 경우를 언론을 통해 종종 볼 수 있다.

　그렇다면 과연 자본주의 경제 시스템은 누군가 몇 사람의 개인이 사리사욕을 채우기 위해 체제의 가장 근간인 '룰'을 흔들고 망가뜨릴 수 있을 만큼 취약한 구조를 가지고 있는 것일까? 아니면 자본주의가 아닌 다른 어떤 사회 시스템이라도 다 그렇게 취약한 것일까? 이 부분이 현재 우리 자본주의 경제 사회가 가지고 있는 여러 문제에 대한 가장 근본적인 질문이 아닌가 한다.

네덜란드의 동인도 회사에서 자본주의의 출발인 자본의 집중에 대한 흔적을 볼 수 있었다. 하지만 역사적으로 볼 때 자본주의 경제 체제의 발전은 대량 생산, 대량 소비라는 산업혁명과 궤를 함께한다. 산업혁명을 통해 인류는 이전에 한번도 경험하지 못했던 대량 생산과 소비라는 산업화를 겪게 되고, 따라서 금융시장이 커지면서 대규모의 금융 시스템도 만들게 된다. 자본주의의 출현은 이처럼 부의 총량을 엄청나게 키우게 되었다. 하지만 적절히 배분되지 못하는 구조가 나타나면서, 한때 사회주의라는 강적을 만나기도 했다.

산업혁명이 먼저인지 자본주의 경제 체제의 시작이 먼저인지는 애매한 부분이 있다. 하지만 르네상스의 발현처럼 시대적인 변화의 흐름에서 볼 때 이전과는 다른 사회 구조와 시스템이 발전하게 되었다는 점에서, 자본주의는 신분제와 왕권 중심이던 중세를 대신하는 새로운 진보적인 사회 시스템이었다는 점은 확실해 보인다.

자본주의 경제 이론의 변천

자본주의의 본질은 사적(私的) 소유에 있다. 이 말은 자본주의 체제 하에서는 개인의 사적 소유권을 가장 기본적인 불가침의 권리로 본다는 것이다. 자본가들이 더 큰 이익을 위해 생산하고 판매하는 행위나 노동자들이 자신의 노동력을 제공하며 급여를 받는 것 등을 가장 기본적이고 불가침의 권리로 인식했다. 또한 이런 개인적인 거래의 경우 가장 기본적인 권리이기 때문에 국가에서 인위적으로 개입하거나 그 권리를 축소하려고 하면 안 된다고 보았다.

초기 자본주의 이론에 따르면, 자본가나 노동자는 같은 정도의 권리와 의무가 있었다. 즉 노동자는 노동력을, 자본가는 노동력에 대한 임금을 지불하는 계약만 체결하면, 어떤 형태의 근로 계약이든 사적인 거래로 보았던 것이다. 물론 이런 개인적인 권리에는 권리를 행사하는 사람이 도덕적이고 이성적인 개인이어야 한다는 전제가 깔려 있다. 『국부론』을 집필한 아담 스

남만 잘 사는 자본주의에서 함께 잘 사는 사회적 경제로

미스도 이런 도덕적인 개별 주체를 자본주의의 근간으로 보았다. 이런 맥락에서 시장경제의 질서를 의미하는 '보이지 않는 손'은 국가에서 개입하지 않아도 자연스럽게 질서에 맞춰 움직이는 합리적인 개인들의 의사 결정체라고 보았다.

이런 성향은 막스 베버(Max Weber)나 슘페터(Schumpeter)에게도 그대로 이어져, 이들 모두 국가의 시장개입을 반대하는 입장을 취했다. 특히 오스트리아 학파[3]로 불리는 학자들의 경우 'say's law'(세이의 법칙)의 견해처럼, 공급이 스스로 수요를 창출하기 때문에 유효수요 부족에 따른 공급의 과잉은 없다고 보았다. 즉 물건을 만들면 반드시 그 물건을 사려는 사람이 있을 것이므로, 공급만 원활하게 이루어진다면 시장은 안정적인 상태를 유지할 것으로 본 것이다.

대부분의 고전학파 경제학자들은 시장의 자정(自淨) 능력과 질서 유지, 생산성 향상과 자유방임적인 경제 정책을 주장해 왔다. 시장은 지속적으로 팽창하고 이를 뒷받침하는 생산 능력과 자본 축적 및 금융 시스템은 자율적으로 운영될 때 더 합리적이고 성장률이 커질 것으로 보았기 때문이다.

사회주의 경제 이론은 이러한 고전적인 자본주의 이론들에 반기를 든 대표적인 반대 이론으로, 소유가 없는 무산 계층인 노동자를 오히려 사회의 중요한 축으로 보았다. 비록 자본가에

---

3   오스트리아 학파(Austrian School)는 1870년대 오스트리아의 빈에서 시작한 경제학 접근법이다. 빈 대학에서 경제학을 가르쳤던 카를 맹거(Carl Menger)가 시작했다고 알려져 있다.

비해 요즘으로 말하면 '을'인 약자가 될 수밖에 없는 가진 것 없는 노동자들이지만, 이들이 없다면 소비할 사람이 없기 때문에 유산계층이 원하는 생산도 멈출 것이고, 만들어진 제품도 판매할 수 없을 것이라는 점을 강조했다. 그들은 한 걸음 더 나아가, 가진 자와 가지지 못한 자를 계급으로 구분하여, 현 자본주의 경제 체제는 시장의 자유로운 질서가 아니라, 가진 자들이 자신의 권익만을 옹호하기 위해 만들어 놓은 불공정한 게임 판에서 움직이는 불합리한 사회라고 주장했다.

그래서 그들은 사회주의 체제라는 자본주의와 반대되는 사회운영 체제를 구축하여 강제적으로 가진 자와 가지지 못한 자의 구분을 없애야 한다고 주장하고, 이를 혁명이라는 방법으로 실제 적용하기도 했다.

후일 사회주의 경제 이론은 실제 국가 경제를 운영하고 실물 경제 시장을 관리하기에는 다소 부족하여 실패한 이론이라는 혹평을 듣게 되었다. 하지만 자본주의 경제 체제를 비판하기 위한 중요한 토대를 마련했다는 점에서, 자본주의 경제 체제의 다른 면을 파헤친 중요한 이론이라고 할 수 있다. 사회주의의 공격이 아니더라도 정교하기로 유명했던 고전학파의 경제 이론은 중요한 시험대 오르게 되었다. 그들의 이론대로라면 안정적인 시장경제 질서가 유지되어야 함에도 불구하고, 1930년대 미국을 시작으로 세계적인 경제 대공황이 발생했기 때문이다.

당시 대공황은 핑크빛 자본주의에 대한 혹독한 시련이라고 볼

수 있다. 당시 자본주의 사회는 마치 붕괴하는 중세 시대를 보는
것처럼 참담하기 그지없었다. 유수한 많은 경제학자들이 즐비했
지만, 그 누구도 이런 대공황의 원인과 해결책을 내놓지 못했다.
그렇기 때문에 과연 이렇게 허술한 경제 체제가 인류의 미래를 담
보할 수 있을까 하는 비관적인 의견들이 지속적으로 제기되었다.
이런 자본주의의 위기 상황에 혜성처럼 구원투수로 등장한 인물
이 있었다. 바로 유효수요(有效需要) 이론을 들고 나타난 영국의 케
인즈(Keynes)였다.

그는 높은 실업 상태에서도 자본주의 경제 체제는 지속된다는
점을 언급하며 'say's law'를 반대했다. 즉 일반 대중들의 실업 상
태가 지속될 경우 유효수요가 감소해서, 비록 물건이 남더라도 더
는 구매할 능력이 없기 때문에 물건이 팔리지 않는다는 점을 강조
했다. 그래서 공급이 반드시 스스로의 수요를 창출하지는 못한다
고 주장한 것이다.

자본주의 경제 체제에서는 공급을 지속적으로 늘리는 것만으로
는 시장의 안정이나 발전을 이룰 수 없으며, 부족한 유효수요를 채
우기 위해 일반인들의 구매력 향상이 있어야 한다고 했다. 그러기
위해 일반 시민들이 쓸 수 있는 유동성, 즉 돈이 늘어나게 만들어
야 하는데, 그 역할은 바로 국가가 해야 한다고 주장했다. 즉 국가
의 적극적인 시장 개입인 재정정책(財政政策)의 중요성을 강조했다.

미국에서는 그의 의견이 받아들여졌다. 루즈벨트 대통령의 뉴
딜 정책 같은 대규모 국책 사업이 전개되었고, 세금 감면, 국채 발

행 등을 통해 비록 국가는 빚을 지더라도 일반 국민들의 지갑은 두둑하게 만드는 경제 정책이 등장하게 되었다. 즉 국가는 가난해지더라도, 국민들의 구매력이 향상되면 자연스럽게 소비가 늘어나면서 시장의 불경기를 타개할 수 있을 것이라는 생각이었다.

케인즈의 경제 이론을 적용하여, 당시 미국에서 시작된 경제 대공황을 극복하는 데 어느 정도는 효과를 봤다는 평가를 받고 있다. 물론 효과가 그리 크지 않았다고 보는 반대론자들도 상당수 있다. 하지만 케인즈의 이론이 가져온 파격적인 내용은 그동안 유지되어 오던 고전학파의 낭만적인 시장경제 운영에 실로 큰 여파를 던졌다. 사실 케인즈의 이론은 당시로서는 거의 경제학의 이단이나 마찬가지였다. 그러나 그를 비판하던 고전학파 경제학자들의 주장처럼 시장의 자율성, 자정 능력, 시장 스스로 가격을 결정하는 방향으로 움직인다는 이론 등은 대공황 시기에 아무런 도움을 주지 못했다. 따라서 케인즈를 따르는 학자들이 늘기 시작했다.

그러면 여기서 전 세계를 휘청하게 만든 미국 발 경제 대공황에 대하여 보다 자세히 알아보기로 한다.

1930년대 미국에서 시작된 경제 대공황은 아이러니컬하게도 공급 과잉이 그 원인이라고 알려져 있다. 유럽과 달리 제1차 세계대전의 참화를 겪지 않은 미국의 경제는 활황을 이어 갔다.

거기에 유럽의 여유 자금이 대거 투입되는 등 투자가 지나치게 많아지면서 생산되는 물량도 많아졌다. 하지만 당시만 해도 농업 국가의 모습이 많이 남아 있던 미국은 이렇게 대량 생산한 물건들을 소비하려는 사람, 즉 유효수요가 늘지 않았기 때문에 재고가 쌓이기 시작했다. 즉 공급 과잉이 시작된 것이다. 바로 이 부분에서 유효수요가 적으면 경제에 문제가 생긴다는 케인즈 이론이 설득력을 가지게 되었다. 공급이 많아 물건이 팔리지 않는다는 것 자체는 생산량을 줄이면 되는 간단한 문제로 보인다. 하지만 문제는 사람들의 생각이었다.

'생산량을 줄인다는 것은 회사의 매출이 떨어진다는 것이고, 이익도 줄게 되고, 근로자들은 해직을 당하게 될 것이고, 그러다 보면 시장 경제가 위험해질 것이다'라는 생각들이 경기 비관론으로 이어지면서 주식 투매로 이어졌다. 즉 아직 발생하지도 않은 문제에 대해 비관적인 상상들이 채워지면서, 사람들은 이성적인 판단보다는 군중심리에 휩싸여, 일단 팔고 빠지자는 식으로 시장에서 투매 현상을 보였다. 혹시라도 자신이 가지고 있는 주식을 못 팔지도 모른다는 두려움이 사람들 사이에 유행병처럼 퍼져 나갔다.

주식시장은 때로 불곰과 황소로 비유된다. 주식시장이 강세장이고 주식을 사려는 사람이 많다면 이것을 황소 장세라고 말하고, 반대로 팔려는 사람이 많고 약세장이 이어지는 경우를 불곰에 비유한다. 이렇게 비유하는 이유는 주식시장에서 사람들이 보이는 행동이 이 동물들과 비슷하기 때문이다. 두 동물은 모두 덩치가 크고 힘이 세지만, 아주 작은 요인에도 군중심리에 사로잡혀 한꺼번에 벼랑으로 내달려 몰살 당하거나 앞도 보지 않고 내빼는 경우가 많기 때문이다. 바로 그런 모습이 우리의 시장경제에서도 나타난다. 내 앞에 가는 사람이 왜 이쪽으로 뛰는지 묻지도 않고, 누가 쫓아오는 것도 아닌데 이성을 잃고 모두가 같이 한 방향으로 뛰기 시작하는 모양 말이다.

당시 미국의 경제 상황이 그랬다. 왜 이렇게 경기가 하락하는지 정확한 원인이나 이유는 알 수 없지만, 밑도 끝도 없이 경기가 추락했다. 이런 상황에서 미국 경제를 실신 상태로 밀어 넣은 방아쇠는 경기 과열을 우려한 연방준비제도이사회가 긴축재정 정책을 펼치면서 당겨졌다. 시중에 부실채권이 엄청난 양으로 늘어난 것이다. 그전까지 황제처럼 군림하던 고전학파의 자유방임 정책과 시장의 자율 조정이라는 이론은 당시 그저 휴지 조각처럼 보였다.

1929년 10월 24일 검은 목요일이라 불리던 그날, 전날 381.17이던 다우존스 산업 평균 지수가 299.47로, 이날 하루에만 20% 이상 하락했다. 하루 동안 1,290만 주가 팔리면서 종전의 400만 주 매매 기록도 갱신했다. 오후 12시 30분에 시카고와 버팔로 거래소가 문을 닫았지만, 이미 11명의 투자자는 자살한 뒤였다. 며칠 뒤인 10월 29일 다우지수는 230.07을 기록했으며, 하루 동안 무려 1,640만 주가 팔렸다. 이렇게 밑 빠진 독처럼 빠지던 지수는 1932년 7월 8일 41.22를 기록하며 무려 86%나 빠졌고, 20여 년이 지나서야 겨우 다시 정상으로 돌아올 수 있었다. 지수 회복에 결정적인 역할을 한 것은 제2차 세계대전이었다. 대공황 당시 미국의 실업률은 36.6%로, 1929년 당시보다 30%나 늘어났다.

난세에 영웅이었던 영국 출신의 '존 메이너드 케인즈'는 이런 대공황을 보면서 시장에서 '세이의 법칙'과는 달리 노동이 완전고용 상태에 있지 않다는 점을 이상하게 여겼다. 고전학파적 견해에 따르면, 가격 변수의 원활한 작용을 통해 시장은 항상 균형 상태로 가려는 경향이 있기 때문에, 장기간 지속되는 실업은 노동자나 노동조합이 균형임금 수준보다 높은 임금 수준을 고집해서 발생되는 부자연스러운 것으로 봤다. 따라서 실업 문제의 적절한 대책은 노동조합과 같은 담합 같은 행위를 근절시키고, 시장 기구가 원활히 작동하는 환경을 만들어 주어야 한다는 것이었다. 즉 자본가든 노동자든 그저 시장의 질서에만 따르면 된다는 생각이었다.

또한 고전학파가 시장의 총생산량은 수요의 크기와 상관없이 노동의 수요와 공급에 의해서 결정된다고 본 것에 비해, 케인즈는 고용의 주체는 기업으로 고용량은 수요, 공급이 만나는 임금 협상으로 결정되는 것이 아니라, 경제 전체 수요의 크기에 대한 기업가의 예상, 즉 유효수요의 크기에 의해 결정된다고 보았다. 그리고 유효수요의 크기를 결정하는 데 긴밀한 관계가 있는, 시장에서의 소비 성향·투자의 한계효율·이자율을 결정 짓는 유동성 선호 등을 삼대 심리법칙이라고 명명했다.

즉 소비 성향이란 소비자들이 구매하는 방식에서 나타나는 성향이 소비 패턴과 소비의 양을 결정하게 된다는 것이다. 투자의 한계효율(限界效率)[4]은 다소 복잡한 개념이다. 투자를 늘릴 때마다 자본재의 가격도 상승한다고 볼 때, 투자를 늘릴 때의 자본이 가진 한계효율의 변화를 나타내는 것으로, 투자 비용과 투자로부터 얻어지는 수입이 동일해지는 할인율을 말하는 것이다. 이 말은 소비의 한계효용과도 비슷한 개념이다. 투자하면 할수록 거기에 따른 비용이 늘어나고, 어느 순간 투자에 따른 수입이 더 이상 없을 때 투자는 일어나지 않는 것이다. 물론 투자는 이자율과도 밀접한 관계가 있다. 투자를 하느니 은행에 넣어 두는 것이 더 이익이라면 투자할 사람은 없을 것이고, 투자에 필요한 돈을 빌릴 때 이익보다 은행에 내야 하는 이자가 더 높다면 역시 투자할 사람이 없을 것이기 때문이다. 이것이 마지막의 이자율에 따라 바뀌는 유동성 선호와도 같은 말이다.

---

4 투자로 인하여 발생할 것으로 예상되는 미래 총 기대수익의 현재 가치와 투자액을 일치시키는 할인율을 의미한다. 즉 투자의 한계효율을 내부 수익률이라고도 한다.

$$C = \frac{R}{1+m} = \frac{\text{미래의 기대수익}}{1+\text{내부 수익률}}$$

그는 비자발적 실업이 생길 가능성을 포함하여, 경제 전반에서 완전 고용 달성은 불가능하며 시장 가격 역시 매우 비탄력적이기 때문에, 경제 질서를 제대로 세우기 위해서 정부의 개입이 불가피하다고 보았다.

즉 불완전한 시장을 그래도 제대로 움직이려면, 선한 의지를 가진 관리자가 필요하다고 역설한 것이다. 지금도 이런 그의 사상을 긍정적으로 받아들여, 경제학자들 중 과반 수 이상이 케인즈 이론을 지지한다. 결국 경제 정책은 케인즈 이후 시장에 대한 정부의 직접 개입이 이루어졌고, 경제학을 전공한 학자들이 실물 시장 경제를 통제하는 정부 각료로 대거 입성하는 계기가 되었다.

케인즈의 이런 경제 이론을 국가적인 차원의 경제학이라 하여 '거시경제학(巨視經濟學)'이라 부르고, 그를 창시자라고 칭한다. 그의 주장대로라면, 불경기에 정부의 재정 지출을 늘려야 하고 기업들이 투자할 수 있도록 독려해야 한다. 하지만 1970년대 오일쇼크로 인해 발생한 경제 위기 때는 불경기가 지속되었지만 물가는 오히려 오르는 '스태그플레이션'이 발생했다. 불경기 때는 당연히 소비자들의 구매력이 떨어지기 때문에 공급되는 물량 대비 소비량이 줄어들게 되어, 당연히 물가가 떨어져야 하는데도 불구하고 오히려 더 오르는 기현상이 일어난 것이다.

사실 경제 이론과 경제학자들의 주장은 때론 사후약방문이라는 비판을 많이 듣곤 한다. 미리 경제를 예측한다는 것이 거의 불가능한 일이기 때문에 사건이 다 지나간 후에 이런저런 이론을 들이대면서, '그래서 이런 결과가 나왔다'는 식의 주장을 펼친다는 것이다. 당시 케인즈 이론에 반대하던 프리드만 같은 고전학파 경제학자는 "공짜 점심은 없다"라는 말로 케인즈의 재정 정책을 비판하기도 했다.

아무튼 오일쇼크로 불리는 1970년대의 경제 위기 상황은 그 전과는 또 다른 양상을 보였다. 케인즈가 주장했던 유효수요가 부족해서도 아니고, 공급과잉도 원인이 아니었다. 당시엔 산유국들의 담합에 의한 조직적인 물량 조절이 경제 위기의 직접적인 원인이 되었다. 즉 유효수요가 많다고 해서 항상 경제가 잘 돌아가는 상황이 아니라는 것이 문제였다.

1970년대 1, 2차 오일쇼크로 세계 경제는 큰 혼란에 빠지게 된다. 금본위제도를 기반으로 한 '브레튼 우즈' 체제[5]로, 당시만 해도 서방 선진국들은 안정과 발전을 누리고 있었다. 하지만 유가 폭등이라는 유례없는 사태로 경제 상황은 순식간에 불황으로 곤두박질치게 되었다. 국제 유가는 산유국 모임인 OPEC(석유 수출국 기구)의 맹주로 군림하던, 가장 많은 산유량을 자랑하는 사우디아라비

---

5   2차 대전 직후에 형성된 국제 통화 체제이다. 1944년 서방 44개국 지도자들이 미국 뉴햄프셔 주 브레튼 우즈에 모여 본 합의 내용을 결정하고, 체제의 운영을 위해 국제통화기금(IMF)과 세계은행(IBRD)을 만들었다. 이로써 미국의 달러만 금(金)과 고정 비율로 바꿀 수 있고, 다른 나라의 통화들은 금으로 바꾸는 대신 달러와 고정 환율로 교환할 수 있게 되었다. 그 때문에 달러가 세계의 기축 통화가 되었다.

아의 라이트 유가를 기준으로 할 때, 1973년 9월 말 배럴당 3.07 달러에서 1974년 1월 말 11.65달러로 상승하면서, 무려 280%나 뛰어 올랐다. 어쩔 수 없이 같은 물건을 사야 하는 구매자 입장에서는 너무나 황당한 상황이었다.

석유는 대표적인 가격 비탄력(非彈力)적 상품이다. 즉 가격이 아무리 오르더라도 이를 대체할 만한 다른 상품이 없기 때문에 어쩔 수 없이 구입할 수밖에 없는 상품인 것이다. 이런 상품의 경우 시장 가격은 수요와 공급에 의한 보이지 않는 손에 의해 결정되는 것이 아니라, 공급자의 공급 의지에 따라 결정된다. 이를 알고 있는 OPEC의 나라들은 공급량과 공급 가격을 담합해 조정하면서 석유의 국제 가격을 마음대로 올렸다.

석유가 나지 않는 우리나라 같은 나라들은 졸지에 석유 수입에 막대한 비용을 써야 했고, 석유를 원재료로 하는 공산품 가격은 천정부지로 뛰어 올랐다. 석유 수입에 대부분의 외화를 충당하다 보니, 우리가 버는 돈보다 더 많은 돈을 외국에서 빌려야 했다. 이렇게 외채를 빌리려는 나라가 많아지자, 외채 이자율도 덩달아 올랐다. 무역수지와 함께 재정수지도 악화된 것이다. 당시의 오일쇼크가 석유 산유국들의 담합에 의한 것이라, 국제무대에서 이들 산유국들이 어느 정도 정치적으로 대우받게 되는 계기가 되었다. 하지만 오늘날까지 끝도 보이지 않게 이어지는 내란과 전쟁, 중동의 테러라는 막판 드라마의 서막이 오르는 원인이 되기도 했다.

오일쇼크 뒤 미국에서는 로널드 레이건 대통령이 출현하고 그의 파트너인 영국의 마거릿 대처 수상이 나타나면서, 신자유주의[6] 시대가 열리는 계기가 되었다. 케인즈로 대표되던 정부 개입의 경제 정책도 다시 고전학파 이론에 더 가까운 신고전학파 이론으로 회귀했다. 이 시기 어려운 상황을 넘기 위해 세계 각국은 초강대국인 미국과 영국의 정책에 촉각을 곤두세우며 그 행보를 주시했다. 그 결과 중남미와 아프리카 등 제3세계 국가와 동유럽 국가에까지도 신자유주의 정책이 널리 시행되는 계기가 되었다.

이후 세계 경제는 어느 지역에서 문제가 발생할 경우 한 나라의 문제로 끝나는 것이 아니라, 모든 세계가 하나로 엮여 있기 때문에 모두가 영향을 받는다는 생각을 갖게 되었고, 외채 문제가 가장 크고 중요한 거시 경제 정책의 기조로 자리를 잡게 되었다. 즉 케인즈가 주장했던 재정 정책과 달리, 국민의 주머니도 채워야겠지만 나라도 곳간이 든든해야 무엇이든지 할 수 있다는 생각이 지금도 국가 재정 운영의 한 원칙으로 통용되게 되었다.

공급량 자체가 줄면 아무리 수요가 많아도 물가는 오를 수밖에 없다. 가벼운 인플레이션은 물가를 올리지만, 공급 물량도 늘어 같이 늘어나면서 전체적인 시장규모가 커지고, 오히려 생

---

6   시장의 순기능을 강조하고, 자유무역과 규제 철폐를 옹호하는 정치적 이념 혹은 기조를 말한다. 1980년대 영국의 대처와 미국의 레이건 정권이 대표적으로 이 이념을 사용했다.

산이 활력을 보일 수 있다. 이 점은 인플레이션의 긍정적인 효과로 이야기되곤 한다. 그러나 물가가 오르는데도 공급량이 늘지 않아 경기 진작 없이 물가만 오르는 현상인 스태그플레이션은 경제에 가장 심각한 악영향을 줄 수 있다. 이런 상황에서 재정 지출을 늘리는 것은 유효수요만 더 증가시킬 뿐, 공급량이 늘지 않기 때문에 오히려 물가를 더 오르도록 부추기는 효과만 낳게 된다. 때문에 1930년대에 썼던 것처럼 유효수요를 늘리는 정책은 실물경제 침체를 개선하는 데 도움이 되지 못했다. 그렇기 때문에 경제 정책 당국자들은 '그러면 도대체 어떤 정책을 써야 한단 말인가?'라는 하소연과 함께 갈팡질팡했다. 케인즈의 이론에 비판적인 학자들은, 케인즈가 고전학파에서 주장한 '보이지 않는 손'이라 불리던 시장의 자동조절 기능의 단점은 잘 파악했지만, 재정 지출의 당사자인 정부의 경제 정책 실패라는 부분을 너무 작게 생각했다고 지적했다. 정부 지출 역시 경제학을 모르는 일반 시민들처럼 잘못된 판단을 할 수 있기 때문에 오히려 경제 질서를 교란시킬 수 있다. 또한 한 번 늘어난 재정 지출은 유권자인 국민들의 이해관계와 직접적인 관계가 있어 시장 상황에 따라 탄력적으로 줄이거나 변경하기 어렵다는 것이 역사적으로 증명되었고, 그렇기 때문에 시장 상황에 맞게 정책을 수정하는 것이 거의 불가능하다는 것을 알게 되었다.

고전학파에서 주장했던 대로 경제 주체들의 자율적인 조정 시스템에 맡기면, 시장이 호황이거나 불황일 때 자동으로 공급을 조정할 수 있다. 하지만 재정 지출의 경우엔 정치적인 면도 고려해야 하고, 재정 지출을 통해 이득을 보는 사람들이 늘어나면서 정책의 주체인 정부에 압박을 가했기 때문에, 재정 지출이 물가를 들썩이게 만드는 것을 알면서도 지속적으로 그 양을 늘려 갈 수밖에 없다는 것이다. 하이에크 같은 학자도 "케인즈가 인간의 욕심이나 개인적인 행동에 대하여 제대로 이해하지 못하고 있다"고 비판했다. 시중의 이자율을 낮추면 사람들은 미래를 위해 투자하기보다는 늘어난 돈으로 다른 곳, 예를 들면 주식이나 부동산 같은 곳에 과잉투자를 하게 되고, 시장이 과열되어 버블이 생기기 쉽다고 지적했다.

물론 케인즈의 이론이 모두 잘못된 것은 아니다. 이후 경제 흐름에서 주요한 방향 제시를 하는 이론으로 여전히 맹위를 떨치기는 한다. 하지만 오일쇼크 이후 케인즈를 비판한 신고전학파(新古典學派)[7]라 불리는 경제 이론이 대두되면서, 정책 책임자로 그 분야의 학자들이 대거 진출하게 된다. 모든 경제 영역에서 이 신고전학파의 이론이 맞는 것은 아니었지만 말이다. 그러나 이후 또다시 2000년대에 금융위기라는 커다란 시장 혼란의 장벽을 만나면서, 두 이론 모두 허점이 있다는 것이 드러나게 된다.

앞에서 살펴본 것을 정리하자면, 자본주의 경제 체제를 뒷받

---

7 신고전학파 경제학은 고전학파 경제학을 계승한 학파로, 정부의 적극 개입을 주장한 케인스 경제학에 대응해 만들어진 학파이다. 합리적이고 이성적인 인간에 의해 시장이 자율적으로 조정되기 때문에 시장에 인위적으로 개입하지 않는 '작은 정부' 정책을 주장한다.

침해 주는 주요한 두 경제 이론이 있음을 알 수 있다. 우리도 IMF 시절 익히 들은 바 있는 신자유주의라 불리는 신고전학파 이론은 과거 경제 이론의 창시자 격인 고전학파의 이론을 계승하고 있다. 이들의 이론적 주장은 시장의 자정 능력과 조절 능력을 최대한으로 발휘할 수 있도록 방임해 주어야 하고, 정부의 간섭과 재정 지출은 최소한으로 유지되어야 한다는 것이다. 반면 케인즈 학파 학자들은 경제 주체들의 역할을 강조하면서 정부의 역할, 특히 거시 경제적인 입장에서 정책 당국의 역할이 매우 중요하다고 강조한다. 이들은 정부가 더 많은 시장 개입과 재정 지출을 통해 불경기 없는 시장경제를 만들어야 한다는 것이다. 만일 불경기가 닥치면 다른 민간 분야는 움직일 수 있는 폭이 거의 없지만, 정부의 경우는 얼마든지 재정 지출을 늘릴 수 있기 때문에, 정부의 역할을 매우 중요한 것으로 보았다.

현재 상황에서 본다면 두 이론은 모두 장단점이 있다. 하지만 2008년 리먼 브라더스 투자은행 파산 사태로 촉발된 금융위기는 과거 전통적인 이들의 논쟁과는 또 다른 양상의 경제질서 혼란이라는 점에서 해결이 무척 어려운 과제로 다가온다.

일본의 잃어버린 10년

1950년 이후 지속적으로 성장하던 세계 경제는 과잉생산에 따른 경쟁 과당과 이윤율 저하라는 문제를 가지고 있었다. 돈은 많은데 투자할 만한 곳이 적당치 않아 석유나 광물 같은 자원들도 거래 대상이 되었다. 그것이 오일쇼크를 일으킨 원인 중에 하나였는데, 마치 1930년대의 대공황과 너무나 비슷한 모습이었다.

하지만 당시에는 어떻게 하면 이렇게 낮아진 이윤율을 끌어올릴 수 있을까 하는 생각뿐이었다. 그러기 위해서 생산물이 고부가가치의 상품이 되도록 만들어야 했고, 임금을 일정 수준 동결시켜 회사, 즉 자본의 이익을 극대화해야 한다는 곳으로 의견이 모아졌다. 이를 위해 시장 내에서 자유로운 거래와 규제의 철폐, 그리고 과감한 산업의 민영화가 필요했던 것이다.

사실 가장 쉽지만 어려운 것이 바로 물건 값을 올려 이익을 극대화하는 것이다. 지금 우리도 직면하고 있는 사실이지만, 기업의 민영화는 당연히 해당 기업의 제품 출하 가격을 끌어 올리게 된다. 이것이 과자나 성인용품을 만드는 기업이라면 몰라도, 전기나 의료 서비스, 교육, 안전 등에 관계된 곳이라면 시장에 미치는 파장이 만만치 않다. 또한 신자유주의는 세계화와 해외시장 개척에도 열을 올리게 되었다. 세계는 하나라는 글로벌 시장에서, 큰 이익을 내는 곳이라면 저개발국이 많은 아프리카나 남미뿐만 아니라 전 세계 어느 지역에 가서라도 장사하겠다는 것이었다.

결론적으로 말하자면, 이 같은 대규모의 민영화와 사기업화, 세계화는 우리 사회의 빈부격차를 더욱 벌어지게 만들고, 기대했던 기술개발이나 공정한 경쟁을 통한 건전한 시장질서 개편이라는 고전학파적 결론은 나오지 않았다.

절대 이익 추구라는 생각 때문에 또 하나의 새로운 시장 개척이 이루어지게 되는데, 그것이 바로 금융 부분의 개방이었다.

미국 레이건 정부에서 시작된 금융시장 개방은 전통적으로 가장 보수적이고 규범적이던 금융 시스템을 대해 매우 위험하고 투기적인 경쟁 시장으로 만들어 놓게 된다. 과거 미국을 비롯한 대부분의 서방 국가들은 금융 산업에 매우 보수적인 규정을 적용하여, 일반 저축은행과 투자은행, 증권과 보험 등으로 엄격하게 역할과 기능을 분리하고 있었다. 당연한 일이지만, 손님들이 맡겨 놓은 돈으로 수익을 내기 위해 어딘가에 투자한다면, 고객의 돈에 대한 책임과 엄격한 투자 기준이 있어야 할 것이다. 내 돈도 아닌데 위험한 곳에 투자를 잘못해서 날리는 일은 없어야 할 것 아닌가? 더욱이 그 투자 대상이 고위험 상품이라면 당연히 고객에게 이런 사실을 알리고 동의를 구해야 할 것이다.

하지만 그들은 그렇게 하지 않았다. 금융 시스템의 경쟁력을 키운다는 구실로 이런저런 규제들을 대책 없이 풀어 놓기 시작했다. 고삐 풀린 금융시장은 자본주의의 가장 큰 속성인 이윤 창출이라는 날개를 달자, 위험하고도 무책임한 파생 상품의 개척이라는 고공 비행을 시작하게 된다.

가장 위험했던 2008년의 미국 금융위기에 대하여 알아보기 전에, 1989년 일본의 버블 붕괴에 따른 부동산 가격 폭락의 경우를 먼저 살펴보기로 하자.

1980년대 일본의 경제 규모는 놀라울 정도로 대단했다. 전 세계에 'made in Japan' 물건들이 깔리면서 '일제는 무엇이든 좋다'라는 신화를 낳았다. 그럼으로써 일본은 가장 강력한 경제 강국으로 자리 잡게 되었다. 미국의 상징이라 할 수 있는 록펠러 센터를 일본인이 소유하게 되는 등, 미국 부동산의 상당 부분이 일본 자본에 팔려갔다. 일본의 이런 경제 성장은 일본산 제품의 공신력과 제품력, 신뢰가 있었기 때문이다. 작고 단단한 일본 제품은 잘 작동되고, 오래 사용해도 고장 나지 않는다는 믿음을 주었기에 전 세계 누구나 다 갖고 싶어 했다. 일제라고 하면 사람도 좋아 보일 만큼 제품의 경쟁력이 훌륭했던 일본산 상품들이 엄청 잘 팔려 나가는 만큼, 일본의 국가 이익도 크게 늘어났다. 문제는 일본산 제품의 경쟁력 때문에 대일 무역 역조가 심각한 지경에 이른 가장 큰 사업 파트너이자 무역 역조의 대상국인 미국에서 일본에 엔화 가치를 올려 달라는 부탁을 하기에 이르렀다는 것이다.

이것은 이른바 '플라자 합의'[8]라 불리는, 여러 나라가 참여한 일종의 국제 회담이었다. 이 합의의 내용은 미국이 달러 대 엔화의 환율을 내려 달라는, 즉 엔화 가치를 절상해 달라는 부탁을 한 것이 골자였다. 통상적으로 환율을 내리면 자국 화폐의 가치는 올라가게 되어, 달러보다 엔화의 가치가 상승하게 된다. 엔화 가치 상승은 일본산 제품의 해외에서의 가격이 오르는 효과가 있어, 수출은 감소하고 외국 제품의 가격은 상대적으로 낮아지는 효과가 있어서 수입이 늘어난다. 자국 화폐의 가치 상승은 수출업자에겐 부담이 되고 수입업자에겐 기회가 된다.[9] 엔화를 절상하기로 약속한 일본 정부는 수출 감소를 우려하여 시장의 충격을 완화하고 기업의 경쟁력을 키워 주기 위해 대폭적인 시중 금리 인하를 단행했다. 시중 금리를 인하하면 시중에 돈이 많이 풀리고 기업들은 투자에서 오는 이자 부담이 줄기 때문에 그만큼 경쟁력이 좋아질 수 있다.

---

8 플라자 합의(Plaza Accord, Plaza Agreement, プラザ合意)란 1985년 9월 22일 미국 뉴욕에 있는 플라자 호텔에서 G5 경제 선진국(프랑스, 서독, 일본, 미국, 영국) 재무장관, 중앙은행 총재들의 모임에서 발표된 환율에 관한 합의를 가리킨다. (출처 : 『위키백과사전』)

9 참고로 환율과 무역의 관계를 살펴보면 다음과 같다. 화폐 가치의 상승이란 환율이 떨어지는 것을 의미하는 것이다. 쉽게 말하면 100달러가 100엔이었을 경우보다 일본의 엔화 가치 상승, 즉 환율의 하락이 10% 정도 일어나면, 해외에서 100달러에 판매해도 국내 은행은 수출업자에게 90엔밖에 주지 않는다. 같은 100엔을 받기 위해서는 해외에서 판매 가격을 110달러 정도로 올려야 하고, 가격을 올린 만큼 판매량은 줄어들게 된다.

일본 정부는 일 년 사이에 시중 금리를 절반 가까이 낮춰 주며, 수출 감소로 인한 경기 침체를 막고자 했다. 이런 일본 정부의 조치로 인해 기업뿐 아니라 일반 시민들도 은행에서 싼 이자로 자금을 빌릴 수 있게 되어, 빚을 내어 주식이나 부동산에 투자하는 과열 양상을 보이게 된다. 하이에크가 말한 것처럼, 시중 이자가 낮아지면 시중의 부동자금들이 실물 투자보다는, 이익을 더 내기 위해 더 나은 투자 대상을 찾아 움직이게 된다. 당시 일본에서는 안전한 자산이라 여겨지던 채권, 주식시장이나 부동산시장 등이 과열 양상을 보일 수밖에 없었다. 그리고 당시 일본의 제품 경쟁력이 워낙 우수했기 때문에, 미국의 요구대로 엔화의 평가절상 정책을 펼쳤지만, 처음의 우려와 달리 큰 폭의 수출 감소는 일어나지 않았다. 즉 아무리 일본 제품의 가격이 상승하더라도, 세계적으로 일제를 사겠다는 나라가 많았던 것이다.

엔화 평가절상 이후 전 세계적으로 일본산 제품의 판매량은 줄지 않고 오히려 더 늘어 갔다. 드디어 이런 상황들이 맞물리면서 문제가 터졌다. 늘어난 수출 대금과 값싼 이자로 많이 풀린 시중의 통화량은 더 많은 이익을 내기 위해 과잉 투자로 이어지는 악순환이 시작된 것이다. 이 역시 1930년대의 미국발 대공황과 비슷한 면이 있다.

1980년대 말 일본의 부동산과 주식시장은 가히 열광의 도가니였다. 도쿄의 아파트 값은 한 해에만 3~4배 올랐고, 상업 지역의 빌딩이나 상가는 훨씬 더했다. 사람들은 너나 할 것 없이 은행에서 저금리로 돈을 빌려 부동산이나 주식 투자 대열에 가담했다. 당장 돈이 없더라도 지금 투자하지 않으면 자신만 바보가 될 것 같은 군중심리도 이 광풍에 한몫을 했다.

후일 거품이 빠진 후 일본 은행 관계자들이 국민 앞에서 무릎 꿇고 눈물 흘리는 모습을 마치 막장 드라마처럼 자주 보게 되었는데, 그만큼 당시 일본에서는 은행도 정부도 시장의 버블을 막지 못했다. 오히려 그런 광풍을 조장하기까지 했다.

사실 일본의 은행들은 이전까지 이렇다 할 이익을 내지 못하고 있었다. 은행의 기본 이익구조인 예대(預貸)마진이 그렇게 좋지 못한 데다, 일본 사람들의 보수적인 투자 성향과 과다한 저축에 대한 인식 때문에, 정작 금고에 돈은 많지만 빌려 줄 만한 곳이 마땅치 않았던 것이다. 그래서 당시 일본 은행들은 돈을 빌려 줄 수만 있다면 다른 은행보다 더 싼 이자에 더 큰 금액을 빌려 주겠다고 과당 경쟁을 하게 되었다. 그야말로 당시 일본 사회는 시중에 너무나 많은 돈이 풀려 고삐 풀린 망아지 같은 모습이었다.

하지만 이런 투기 열풍으로 모든 사람이 이익을 얻은 것은 아니었다. 소위 가진 것이 없는 서민들은 그런 투기 열풍으로 하루가 다르게 상승하는 집값을 그저 바라보아야만 했다. 그들은 투기 열풍이 불기 전에도 사기 힘들었던 시내의 집 한 채를 죽을 때까지 일해도 절대 살 수 없게 되어 버린 현실을 비판하며 정부에 책임을 묻기 시작했다. 과연 일 년에 몇 푼 버는 일반 샐러리맨이 도쿄 시내의 아파트를 사려면, 하나도 안 쓰고 모아도 200년이 더 걸릴 것이라는 자조 섞인 이야기들이 사람들 사이에서 정설처럼 퍼져 나갔다.

그러자 드디어 일본 정부도 경기가 지나치게 과열이라고 판단하게 되고, 시장을 진정시키기 위해 시중의 통화량 흡수를 위한 금리인상을 결정했다. 하지만 한 번 불붙은 시장의 과열 양상은 쉽게 수그러들지 않았다. 그렇게 일본 정부가 지속적으로 금리를 인상시켰지만, 시장에서 이자율 인상에 대한 반응이 나오기까지는 거의 2년이라는 시간이 걸렸다. 다른 경제 공황 때도 마찬가지였듯, 이번에도 시장에는 반대로 경기가 침체될 것이라는 분위기가 퍼지면서 걷잡을 수 없이 거품이 꺼지기 시작했다. 앞으로 계속 투자하다가는 손해를 보게 될지 모른다는 불안 심리가 자리를 잡자, 이번엔 모두가 앞 다투어 일단 팔고 보자는 투매 양상을 보이기 시작한 것이다. 그렇게 하루가 다르게 매물이 넘쳐나니, 부동산이나 주식의 가격은 곤두박질치기 시작했다.

불과 일 년 사이에 하늘 높은 줄 모르고 치솟던 부동산 가격은 80% 가까이 빠졌다. 하지만 사실 시장 상황이 이렇게 되면, 손해를 감수하고 팔고 싶어도 주식이든 부동산이든 누구도 물건을 팔 수 없다. 사려는 사람은 없고 팔려는 사람만 있다면, 거래가 성사될 수 없는 것이다. 그리고 그 집을 담보로 돈을 빌려 준 은행 역시 빌려 준 돈을 회수할 수 없게 되어, 은행의 부실이 시작되고 종국에는 은행도 부도를 맞게 된다. 은행이 부도

나면 은행에서 돈을 빌린 기업들 역시 채무 연장이 되지 않아 부실화되고, 은행에서 신규 대출이 되지 않기 때문에 투자가 얼어붙고 기업들은 도산하게 된다. 이것이 바로 일본 경제의 잃어버린 10년의 시작이었다.

당시 일본의 상황은 미래에 대한 합리적인 예측이나 경제학자들의 분석이 없어서라기보다는, 한번도 경험해 보지 못한 시장의 폭등과 불안 심리라는 새로운 사회 현상이 맞물리면서 벌어진 일본 사회의 병리 현상이었다. 제대로 된 정책 대안도 전문가들의 분석도 없이, 하루아침에 시장의 거품이 빠지면서 실물 경제가 붕괴하고 말았다. 한때 미국 영토 모두를 사들일 것처럼 기세 좋던 일본의 부동산 경기는 불과 몇 년 만에 85% 이상 하락하며 거품이 꺼지면서 깊은 침체의 늪에 빠지고 말았다. 미국 경제의 상징이던 록펠러 센터나 엠파이어스테이트 빌딩도 모두 사들인 일본의 경제력은 정말 신기루처럼 한 순간에 사라져 버렸다.

이 대목에서 우리가 주목해야 하는 것은 많은 사람들을 부동산이나 주식 투자 전선에 나설 수 있게 적극적으로 영업한 일본 은행들의 저금리 대출, 즉 일본 정부의 저금리 정책이 모든 사태의 출발점이라는 것이다. 오늘날에도 우리는 시장 경제 상황을 이야기할 때, 은행들이 얼마나 공격적으로 영업하여, 시중에 돈이 얼마나 많이 풀려 나갔는가를 보면서 시장경제의 과열 양상을 가늠할 수 있다. 시장에 돈, 즉 유동성이 지나치게 많다면, 당연히 그 돈들은 이익을 따라 과당 경쟁을 할 수밖에 없다. 그렇기 때문에 경제 정책 당국은 과열이라는 말이 나올 때, 가장 먼저 은행부터 단속한다.

당시 일본 은행들은 고객들에게 돈을 빌려 줄 때, 담보로 잡은 부동산 가격이 떨어질 가능성이 거의 없다고 판단하여 원금 손실은 없을 것으로 예측했다. 그들은 오히려 부동산 가격이 계속 오를 것으로 보았다. 그래서 더 많은 예대마진을 위해 고객들이 부동산을 더 쉽게 살 수 있도록 대출 이자 인하 경쟁을 했다. 한동안 그들의 이런 영업 방식이 시장에서 먹히는 듯도 했다. 일본 은행들은 유사 이래 최고 수준의 엄청난 영업 마진을 거두었기 때문이다. 이런 시장 상황에서 대출을 규제한다는 것은 시대에 역행하는 바보스런 일로 치부될 수밖에 없었고, 일본 정부의 정책 당국자들조차 그런 시도를 하지 않았다. 그렇게 일본 부동산 시장은 넉넉한 자금이라는 총알과 하고자 하는 의욕에 넘치는 병사들이 충만한 전쟁터로 변해 갔다. 결과적으로 그 전쟁의 결과는 너무나 참담했다.

1930년대 미국의 대공황에서처럼 끝없이 많은 매도자, 즉 가격의 밑도 없는 추락만이 있을 뿐이었다. 이런 현상은 단순히 돈을 빌려 부동산이나 주식을 산 사람들에게만 영향을 미치는 것이 아니라, 앞서 본 경제 시스템 상 시장 경제 전반에 영향을 주게 된다. 은행들의 부실로 기업이 부실하게 되면 근로자들의 실업 사태가 야기되고, 일반 시민들은 길거리로 나가게 되는 경우가 발생한다. 당장 급전이 필요한 서민들도 돈을 빌릴 수 없게 된다. 정말 기 막힐 정도로 미국의 대공황과 비슷한 시장의 모습이 일본에서도 벌어졌다. 당시의 상황을 말해 주듯 일본에서는 부동산 버블 붕괴 이후 노숙자가 크게 늘었다. 그리고 100엔 숍이라는 저가 가게들이 들어서게 되었고, 500엔 식당이라는 저렴한 식당들에 사람들이 몰리면서 앉을 자리가 없을 지경이 되었다. 일본 정부의 오판이 불러온 경제 재앙의 후폭풍을 아무 잘못이 없는 일반 시민들이 감당하는 모습이었다.

시중 은행들은 자신의 돈으로 영업하는 것이 아니다. 그들은 고객들이 맡긴 돈 중 일부분만 지불 준비금으로 남기고, 나머지 대부분의 돈은 대출을 통해 빌려 주고, 그 차익을 마진으로 가져간다. 그렇게 은행들이 이익을 위해 대출해 준 돈들이 시중에 돌아다니게 된다. 다시 말하면 고객들이 맡긴 예금 중 대부분은 빌려 주고 없기 때문에, 은행에는 고객이 맡긴 돈이 거의 없다. 최근 우리나라의 경우도 요구불예금의 지불 준비율은 겨우 5% 수준이고, 장기 예금의 경우는 0%에 가깝다. 그렇기 때문에 실제 은행 금고에는 고객들이 맡긴 돈 대부분이 대출로 시중에 풀려 나가서 없다. 그런데 그렇게 고객들이 맡긴 돈으로 대출해 준 곳에서 빌려 준 돈들을 회수하지 못하면, 은행은 돈을 찾으러 온 고객들의 돈을 돌려줄 수 없어 부도가 나고 만다. 사실 이런 위기 상황이 아니더라도, 고객들이 은행에 맡긴 돈을 찾겠다고 한꺼번에 달려간다면, 시중 은행들은 단 며칠도 견딜 수 없어 부도 나게 될 것이다.

일본의 당시 상황에서도 알 수 있듯, 경제는 여러 분야가 함께 묶여 있는 시스템이기 때문에, 이 위기는 부동산 경기의 거품이 빠지는 것에서 끝나지 않았다. 사실 일본은 지금도 과거 1980년대의 화려했던 경제 규모로 돌아가기 위해 애를 쓰고 있다. 이 비극의 시작이 미국의 엔화가치 절상 협상으로 시작되었기 때문에 모든 문제의 원인이 미국 탓이라고 생각하기 쉽지만, 꼭 그렇다고만 할 수도 없다. 분명한 것은 글로벌 경제 질서 속에서 일본은 미국의 요구를 들어 줄 수밖에 없었고, 일본 정부의 이자 정책 역시 경제학적으로 봐도 당연한 조치였다는 것이 정설로 받아들여지고 있다.

하지만 정책적인 오판이었든, 국제 정세의 역행할 수 없는 흐름이었든, 초강대국의 무리한 요구였든, 결과적으로 당시의 경제 정책 실패에 따른 고통은 아주 오랫동안 일본을 괴롭혔고, 일본의 일반 시민들 삶은 크게 위축될 수밖에 없었다. 최근 중국과의 무역 역조가 심해진 미국에서 중국에 위안화 절상 요구를 한 적이 있는데, 중국은 거들떠보지도 않았다. 그것은 이런 일본의 과거 역사가 타산지석이 되었기 때문이다.

금융 부문을 보수적이고 규범적으로 운용해야 할 이유가 바로 이것이다. 한 순간의 잘못된 판단과 시행이 국가 전체적으로 그리고 일반 시민들의 삶에 얼마나 큰 영향을 미치게 되는지 잘 보여 준 실례라고 할 수 있다.

이제 다시 미국으로 가보자. 일본은 세계 경제라는 전쟁터에서 이미 실탄을 다 쓰고 전선에서 빠진 상태였다. 그렇기 때문에 이 금융위기에서는 오히려 큰 역할도 할 게 없었고, 피해도 입지 않았다. 불행 중 다행이라고, 일본 경제는 더 이상의 큰 충격을 받지 않고 금융위기라는 초대형 사건으로부터 넘어갈 수 있었다.

1980년대 세계 경제 강국이던 일본의 거품 붕괴라는 불행을 보면서도, 많은 경제 관련 전문가들은 더 큰 경제 시장 붕괴의 쓰나미가 몰려오는 것을 눈치 채지 못했다.

2008년 금융위기의 시작
(롱텀 캐피탈 사태)

자본주의 경제 체제의 근간을 흔들어 놓은 2008년의 금융위기는 사실 그 일이 터지기 10년 전에 롱텀 캐피탈이라는 헤지 펀드 회사의 부도에서 이미 그 파국의 서막을 알리고 있었다. 롱텀 캐피탈이라는 회사의 이름은 말 그대로 '오랜 기간 투자한다'는 뜻을 가지고 있지만, 실제로는 단기간의 시세 차익을 노리고 기계적으로 투자하는 모험성이 강한 투자 회사였다. 이 회사의 주인은 모두 세 사람이었다. 그 중 로버트 머튼과 마이런 숄즈는 1997년 파생 금융 상품의 가치를 계산하는 방법을 고안하여 노벨 경제학상을 탄 학자들이었다. 처음엔 열역학과 물리학의 이론이었던 블랙-숄즈[10] 이론을 경제 분야에 적용하여 이론화하는 데 성공한 인물들이었다.

이들과 함께 동업하게 되는 존 메리워터는 당시 투자자로 이

10　피셔 블랙과 마이런 숄즈가 1973년에 고안해 낸 유럽형 옵션 가격 산출 방정식이다. 후에 로버트 머튼이 참여하여, '블랙 숄즈 방정식'이란 이름을 붙였다. 숄즈와 머튼은 이후 1997년에 노벨 경제학상을 받게 되는데, 피셔 블랙은 1995년에 사망하여 받지 못했다. (출처 : 『나무위키』)

름을 떨쳤던 사람이다. 이들은 자신들의 투자 능력과 정교한 경제학적 공식을 앞세워 헤지 펀드 회사를 설립하고, 부도가 나기 전까지는 승승장구하며 큰 수익을 올릴 수 있었다. 불과 부도가 나기 2년 전인 1996년에는 연 수익 57%라는 경이적인 수익률을 기록하는 등, 명성에 걸맞게 시장에서 옵션 투자의 강자로 자리 잡고 있었다.

이들의 투자 방식을 모두 설명할 수는 없지만, 이들이 구사한 전략은 레버리지를 이용한 차익 거래(프로그램 매매)와 공매도였다. 레버리지는 나의 자산과 고객의 자산을 적절한 비율로 구성하여, 투입된 비용 대비 이익을 극대화하는 방식의 투자라는 정도로 생각하면 쉬운 개념이다. 즉 내 자산보다 더 많은 남의 돈을 빌려 투자하고 이익을 내는 거래라고 할 수 있다. 차익 거래(프로그램 매매)란 일정 조건에 맞는 상황이 되면 사람이 판단하지 않아도 자동적으로 거래가 이루어지도록 미리 프로그램화 되어 있는 거래를 말한다.

공매도란 어떤 물건의 가격이 떨어질 것이 확실한 경우 해당 물건을 미리 빚을 얻어 사두었다가 다른 사람에게 값이 떨어지기 전에 그 물건을 판 뒤, 나중에 물건 값이 떨어지면 떨어진 가격으로 해당 물건을 싸게 사서, 현물로 처음 빌린 사람에게 갚아 그 차익을 내 이익으로 얻는 거래이다. 다소 복잡해 보이는 거래 방식이지만, 주식시장이나 외환거래 시장에서는 아주 흔히 사용된다. 헤지 펀드계의 전설인 유명한 조지 소로스가 영국 파운드화의 하락을 예측하고, 이 방식으로 거래하여 막대한 이익을 얻은 적이 있었다. 즉 미리 판 물건의 값과 떨어진 물건의 값 사이의 차이가 나의 이익이 되는 것이다.

이렇게 과학적인 투자를 하던 롱텀 캐피탈은 완벽하게 만들어 놓았다는 프로그램 매매 기법에도 불구하고 결국 엄청난 손실을 보게 된다. 안전하다고 판단한 러시아의 루블화에 투자했다가, 러시아가 갑자기 자금난을 이기지 못하고 채무 불이행, 즉 디폴트를 선언하면서, 하루아침에 천문학적인 손실을 기록하게 된 것이다. 당시 이들이 기록했던 손실액은 1조 2,500억 달러 이상으로 알려져 있다. 이것은 세계 경제에 치명적인 악재가 될 정도의 액수였다.

자본금이 47억 달러에 불과한 회사가 입은 손실이라고는 도저히 믿을 수 없는 이런 손실은 앞서 살펴본 레버리지 투자라는 방법론에서 원인을 찾을 수 있다. 당시 미국의 투자사들은 레버리지 허용치가 자기 자산의 25배였다. 이 말은 간단하게 말하면, 자신의 자산보다 25배 많은 고객의 돈으로 투자하는 것이 허용되었다는 말이다. 이것은 최대치를 규정한 것일 뿐, 당시 미국 대부분의 투자은행들은 자기 자산의 8배 정도의 레버리지를 사용하여 일정 규모의 적지만 안정적인 수익을 내고 있었다.

하지만 롱텀 캐피탈은 지나친 자신감으로 과감하게 레버리지 수치를 올려 가면서, 자신들이 만들어 놓은 프로그램대로 투자

해서 수익을 올려 왔다. 그들은 자신감이 너무 지나친 나머지, 러시아 경제 위기와 함께 엄청난 손실을 보게 되는데, 손실이 날 때 당시 이들의 레버리지는 무려 자기 자산의 100배에 달한 것으로 알려졌다. 말 그대로 도덕적인 해이이자 고객의 돈을 내 쌈짓돈 정도로 생각한 처사였다. 노벨 경제학상까지 받을 정도로 이론에 강했던 이들이 어떻게 이처럼 처절하게 손실을 보게 된 것일까?

러시아의 루블화 투자를 통해 롱텀 캐피탈이 손실을 입을 확률은 이들의 계산에 따르면 10의 24승 분의 1이었다고 한다. 이런 확률은 지구가 이런저런 원인으로 파괴될 확률보다 훨씬 적은 확률이라고 한다. 하지만 현실 경제에는 이론으로는 풀 수 없는 복잡다양한 변수들이 도사리고 있고, 정보가 통제된 상황에서 다른 변수들을 아무리 고려한다 해도 투자의 방향성을 찾기 어려워 엉뚱한 쪽으로 의사 결정을 할 수 있다. 로버트 머튼은 노벨 경제학상 수상식장에서 아이러니컬하게도 자신들의 이론이 정교하고 정확한 것은 맞지만, 현실 경제에는 수많은 변수들이 있기 때문에 맞지 않을 수도 있다는 말을 했다고 한다.

그가 자신이 말한 대로 복잡다단한 경제 환경을 고려하여 보다 보수적인 자금 운용을 했다면, 아마도 이와 같은 파국을 막을 수 있었을지도 모르겠다. 현실 경제의 복잡한 여러 요소들은 이렇게 아무리 정교한 방정식을 들이댄다고 해도 쉽게 넘기 어려운 것이다. 그곳에는 참여하고 있는 많은 사람들의 의견과 취향, 두려움과 선호도 등이 다 뒤섞여 있다. 또한 상황을 판단하는 여러 분석

기법과 나름의 기준, 노하우, 경험 등이 혼재하는 아주 복잡한 싸움터이다. 그러므로 실물 경제에서의 투자는 그 자체가 바로 미지의 세계인 우주로 탐사를 떠나는 것이나 마찬가지인 것이다.

롱텀 캐피탈 사태 때문에 세계 경제의 파국이 오는 것을 막기 위해 미국의 연방준비제도 이사회는 미국 내 14개 은행을 통해 약 36억 달러를 투자해 롱텀 캐피탈의 파산을 막고 지분을 인수하는 작업을 하게 된다. 기존의 경제 체제를 지키기 위해 정부가 사적인 부분에 개입하여 국민의 혈세를 투입하는 행태는 비단 우리나라의 IMF 사태 때만 국한된 문제가 아니었던 것이다. 이들의 실패는 후일 그저 한 금융 기업이 파생 상품을 멋대로 취급하며 투자하다 발생한 사적인 문제로 치부되어 중요성이 많이 희석되었다. 하지만 사실 파생 상품이 얼마나 위험한 투자 대상인가를 보여주는 중요한 사건이기도 했다. 그러나 미국과 세계 경제 당국은 모두 파생 상품이 가져올 위험에 대한 안전망을 만들기보다, 전체 금융시장의 파이를 키운다는 명분 아래, 파생 상품을 통한 이익 내기를 위해 관련 규제를 풀어 주는 쪽으로 오히려 빗장을 여는 어처구니없는 결정을 하게된다. 이들에게 지나간 역사는 큰 교훈이 되지 못했던 것이다.

2008년 세계 금융위기의 내용

2008년 금융위기는 '리먼 브라더스 투자은행 사태' 라고도 불린다. 이에서 알 수 있듯 이 금융위기는 당시 미국에서 네 번째로 큰 투자은행이던 리먼 브라더스의 파산으로 그 심각성이 널리 알려지게 된다. 1850년 설립되어 글로벌 주식 채권 인수 및 중개, 글로벌 기업 인수·합병을 중개하며 사모펀드[11]를 운용했고, 미국 국채 시장의 주 딜러이기도 했던 곳이 바로 리먼 브라더스였다. 여러 계열 회사를 거느리고 승승장구하던 투자은행이 왜 하루아침에 파산하게 된 것일까?

2008년 9월 15일 리먼 브라더스가 미국 연방법원에 파산 신청을 했을 때, 부채 규모는 무려 6,130억 달러였다. 당시 세계 경제 규모 17위였던 터키의 한 해 국내총생산(GDP)과 맞먹는 믿기 힘든 금액의 부채였다. 미국 역사상 유래를 찾아보기 힘든 최대 규모의 기업 파산이기도 했다. 이 회사가 아무런 대책 없이 무너지면, 미국은 물론 세계 금융시장이 동시에 얼어붙어 모두가 함께 얼어 죽는 경제 빙하기를 맞을 수밖에 없는 상황이었다.

---

11 소수의 투자를 받아 운영하는 펀드로, 49인 이하로 투자를 받는다. 기존 대형 증권사나 금융기관에서 운영하는 공모 펀드와 다른 점은 투자의 제한이 없고 익명성이 보장되는 것이다.

롱텀 캐피탈의 파산 때처럼 이번에도 미국 정부는 적극적으로 나서야만 했다. 하지만 당시의 문제는 롱텀 캐피탈의 경우와는 비교도 되지 않을 정도로 부실 규모가 엄청났다는 것이다. 단순히 손실을 본 것이 아니라, 회사 자체의 부채 규모가 상당했기 때문에 시장에 엄청난 부담을 줄 수밖에 없었다. 그런데 더 큰 문제는 유동성 위기에 빠진 회사가 리먼 브라더스 하나만이 아니었다는 것이다. 여러 다른 투자은행들도 시간 차이만 조금 있을 뿐, 거의 대부분 유동성 위기 상황인 것으로 드러났다. 이들이 이렇게 어려운 상황에 빠지게 된 것은 고위험 파생상품(派生商品) 때문이었다. 즉 서브프라임 모기지론을 합성하여 만든 CDO(부채담보부증권)와 CDS(신용부도 스와프)라 불린 신종 파생 상품이 원인이었다. 이 고위험 금융 상품을 미국의 많은 투자은행들이 앞다투어 경쟁적으로 취급하면서 모두 함께 위기 속으로 빠져들게 되었다.

CDO(부채담보부증권)란 비교적 금리가 높았던 서브 프라임 모기지 증권을 바탕으로 합성하여 만들어 낸 일종의 파생 상품으로, 한 계약 단위로 체결된 대출 계약 여러 개를 한꺼번에 묶어 다시 신종 증권 상품으로 만들어 판매한 것이다. 즉 어떤 한 개인이 은행과 체결한 주택담보 대출 채권들을 여러 개 묶어 다른 한 개의 금융 상품으로 만들어 낸 것이라 보면 된다. 한 개인의 대출만으로는 금융 투자 상품으로서의 매력이 없지만, 이런 대출 건들을 한꺼번에 묶어 큰 금액의 파생 상품으로 만들면, 투자 가치가 있는 금융 상품으로 거듭나게 되는 것이다.

이 상품을 당시 미국의 투자은행들은 다시 선순위채와 후순위채 등으로 분류하여, 다양한 가격으로 판매하며 이익을 챙겼다. 리먼 브라더스의 부실처럼 시장에서 문제가 생기기 전까지는 이 상품으로 미국의 많은 금융기업들이 이익을 내고 있었다.

CDS(신용부도스와프)란 1997년 미국의 유명한 투자은행인 JP모건체이스에서 개발한 상품으로, 기업의 부도 위험 등 '신용'을 사고 팔 수 있도록 고안된 신용 파생 상품이다. 대출이나 채권의 형태로 자금을 조달한 채무자의 신용 위험 부분만을 따로 떼어, 이를 시장에서 사고 파는 금융 파생 상품으로 합성한 것이다. 일반인들에겐 다소 생소하지만, 금융기관이나 국가 간 거래에서는 자주 이용되는 파생 상품으로, 현재도 전 세계 금융 상품 거래의 1/3 이상의 비중을 차지한다.

이들이 판매하고 취급하면서 수익을 낸 파생 상품은 서브프라임 모기지론(MBS)을 기초 자산으로 하여 파생된 것으로서, 그것은 미국 내 주택담보 대출이었다. 미국의 주택담보 대출은 프라임과 알트A, 마지막으로 서브프라임의 3단계로 신용 등급이 나뉘어 있었는데, 가장 신용 등급이 낮은 것이 바로 서브프라임이었다. 신용 등급이 낮은 사람들이 대출받는 것이기 때문에 이자는 비싸지만 대출 건수 자체가 많지 않고, 부실 채권도 많았기 때문에 이전까지는 크게 주목받지 못했던 분야였다. 신용도 낮고 부실화의 위험이 있는 이 계약은 언제든지 문제가 될 수 있는 질이 낮은 채권이었다. 만일 부동산 값이 계속 오른다면, 아무리 신용 등급이 낮아도 은행에서 돈을 빌리는 데 큰 문제가 없을 것이다. 하지만 부동산 값이 떨어진다면, 신용 등급이 낮은 채무자들이 제일 먼저 연체하며 부실화되고, 이럴 경우 은행들은 고스란히 부실 채권을 떠안게 되어 함께 추락할 수밖에 없다. 마치 1980년대 일본에서의 경우처럼 부동산 가격이 계속 오르면 문제가 없지만, 하락하게 되면 언제 터질지 모르는 폭탄을 서로 돌리는 위험천만한 게임을 하는 것과 같은 꼴이 된다.

물론 대출 채권에 문제가 생겨도, 전체 사회가 아니라 돈을 빌린 개인과 은행의 지엽적인 문제로만 치부할 수도 있다. 하지만 당시 미국에서는 CDO(부채담보부증권)와 CDS(신용부도 스와프)가 여기저기 나돌면서, 거의 모든 금융기관이 연쇄적으로 위험한 상황에 빠지게 되었다.

CDO(부채담보부증권) 자체가 워낙 복잡한 과정의 합성이 되어 하나의 상품으로 재탄생하는 것이기 때문에, 그에 따른 기회비용, 위험도 등이 적절하게 판단되기 어려웠다. 기본이 되는 MBS(모기지론)에 문제가 생길 경우, 자동적으로 파생 상품 자체가 문제될 수 있는 매우 위험한 증권이었다. 어떻게 하나의 주택 담보 대출 계약이 어떻게 이런 복잡하고 이해되지 않는 복잡한 상품으로 재탄생하는 일이 가능했을까? 그리고 만일 이 상품이 문제가 된다면 누가 책임을 져야 하는 것일까?

미국의 투자 은행들이 만일의 경우에 대비해 마련한 CDS(신용부도 스와프)를 가장 많이 받아 준 보험회사는 바로 우리도 너무나 잘 아는 AIG였다. 미국은 물론 전 세계적으로도 워낙 규모가 큰 보험사다 보니, 이런 고위험 보험 상품들에 대한 보증 보험 요청이 쇄도했다. 하지만 AIG 역시 이 상품이 절대 부도 날 일이 없다고 판단했다. 그 이유는 부동산 가격이 갑자기 붕괴되는 일만 일어나지 않는다면, 문제될 것 없다고 보았기 때문이다. 그래서 AIG는 붕괴가 일어날 확률이 엄청 낮다고 보고, 여러 투자은행에서 체결하자고 덤비는 이 보험 상품이 말 그대로 공돈이나 마찬가지라고 생각하여 마음껏 보험을 체결해 주었다.

대형 투자은행들도 AIG와 마찬가지로 시장 붕괴가 일어날 일이 없다고 판단하고, 어떤 방법을 쓰더라도 이런 파생 상품들을 팔기만 하면 된다고 생각했다. 그래서 많이 판매한 임원이나 사원에게 천문학적인 보너스까지 지급했다.

하지만 앞서 살펴본 일본이나 1930년대의 대공황에서처럼, 부동산 가격이 떨어지기 시작하면서 이런 모든 돈 잔치는 크게 흔들리기 시작했다. 경기 과열을 우려한 미국 정부의 금리 인상이 직접적인 원인이 되었지만, 이미 시장의 버블은 위험한 상태로까지 부풀려 있었다.

이렇게 고위험 파생 상품들이 범람하여 기업이나 금융 기관은 물론 일반 시민들까지 열광적으로 버블에 가담 시장의 질서가 흔들리는 동안, 미국 정부는 무엇을 하고 있었을까? 당시 미국 정부는 시장의 버블을 막기 위해 규제하기보다는, 경기 부양을 목적으로 저금리 기조의 유지와 파생 상품의 영업에 더욱 힘을 실어 주기 위해 규제들을 푸는 조치를 취했다.

금융 위기가 발생했던 시기 미국의 서브프라임 모기지론의 규모는 1조 3천억 달러로, 전체 주택 모기지론의 13% 정도였다. 부실 채권의 예상 규모는 1천억 달러 정도로 그리 크지 않을 것이라던 당초 생각과는 달리, 실제 시장에서는 앞서 말한 다양한 종류의 CDO(부채담보부증권)과 CDS(신용부도 스와프)가 이미 판매되고 있었기 때문에, 너나 할 것 없이 모두가 그 영향 아래 들어가게 되었다. 제일 큰 문제는 이 고위험 상품이 잘못될 경우 책임지겠다고 부도 스왑 보험 계약을 대규모로 체결한 AIG였다. 만일 AIG의 부도 사태가 발생할 경우, 살아남을 미국의 투자은행은 하나도 없었다. 아니, 미국의 기업은 없었다.

다행히 이 사태가 최악으로 치닫기 몇 년 전인 1993년 미국에서는 상업은행과 투자은행에 대해 겸업을 제한하는 법안이 통과되어, 당시 미국 내 상업은행들은 부동산 버블의 광풍 속에서도 큰 손해를 보지 않았다. 그랬기에 이들이 쓰러져 가는 투자은행들을 인수할 수 있는 체력이 있었다. 흔히 우리 주변에서 쉽게 볼 수 있는 은행이 바로 상업은행이다. 이들 은행은 일반 서민들로부터 자금을 유치하여 일정 규모의 이자를 법적으로 지급하고 원금에 대한 책임을 져야 하기 때문에 투자에 관하여 보수적이다. 따라서 법적으로 문제가 없는 우량한 투자

처에만 투자를 했다.

물론 그러다 보니 이자나 배당이 투자은행에 비해 적을 수밖에 없었다. 하지만 이 부분이 매우 중요한 이슈가 될 수 있다. 이런 법안의 통과로 파국을 막았기 때문에 케인즈 경제학자들은 당시의 경제 정책은 문제가 있다며, 고전학파적인 생각의 자유주의 경제학자들을 몰아붙였다. 물론 당시의 경제 위기가 자유주의 경제 정책 때문이었다고만은 할 수는 없다. 그러나 규제를 풀고 자유로운 경쟁을 통한 시장 확대라는 자유주의적인 경제 정책으로부터 시작된 위기였다는 생각 때문에, 세계 각국은 어쩔 수 없이 다시 보수적인 케인즈 경제 정책으로 가야 하는 것인지, 그대로 있어야 하는 것인지, 갈팡질팡할 수밖에 없었다.

2008년의 금융위기로 미국의 유서 깊은 대형 투자은행 3개사가 파산했다. 전 세계적으로는 20여 개가 넘는 역사적인 은행들이 이슬처럼 사라졌다. 또한 금융 분야의 위기가 실물 경제로 퍼져 가면서 GM, 크라이슬러, 씨티 그룹 등 세계 경제를 아우르던 대형 기업들이 정부에 구제 금융을 요청해야 하는 딱한 처지에 놓이게 되었다. 이런 금융위기를 극복하는 데 평균 53개월이 걸렸고, 미국 전체 GDP의 13%에 해당하는 엄청난 금액이 구제 금융으로 투입되었다.

겉으로 드러난 당시의 경제 위기는 신종 파생 상품의 위험성을 예측하지 못해 생긴 것처럼 보이지만, 정말 중요한 문제는 위험도가 높고 취약한 파생 상품을 만들고 취급하면서, 경제 관료나 은행 관계자들 그 누구도 가장 큰 피해자인 예금주나 저소득층 근로자에게 책임지는 모습을 보이지 않았다는 것이다. 즉 일본에서의 경우처럼 이 파생 상품으로 이익을 얻은 일부 금융권의 임직원들은 금융위기 시 거의 피해를 보지 않았다.

갑작스런 경제 위기로 가장 큰 아픔을 겪은 것은 역시 이번에도 미국의 서민들이었다. 은행들이 문제가 생기면서 기업들도 어려워지고, 소비가 감소하면서 실업자가 늘어났다. 하루아침에 집을 잃고 거리로 내몰렸으며, 잘 다니던 회사에서 보상도 받지 못하고 쫓겨났다. 위기 상황이 닥치기 전까지 승승장구하며 엄청난 보너스를 서로 나누어 가지던 투자 은행이나 보험사들은 변명하기에 급급했고, 한번 날아간 서민들의 재산은 다시 찾을 수 없었다. 이것 역시 일본에서의 교훈과 비슷한 부분으로, 어쩌면 자본주의 경제 체제 자체의 문제가 아니겠느냐는 비판들이 나오기 시작했다.

2008년 금융위기의 교훈

2008년 금융위기에서 가장 큰 타격을 받은 나라는 엉뚱하게도 미국 월가와는 거리가 먼 아이슬란드였다. 인구도 많지 않고 청정 자연을 가지고 있으며 천연 자원이 많은 이 나라는 세계적인 금융 비즈니스와는 거리가 먼 곳 같지만, 국민소득이나 삶의 질은 결코 낮은 나라가 아니었다.

예전에는 보수적인 금융 정책 위주로 금융 시스템을 운영하던 이 나라도 글로벌 경제에 적응하기 위하여, 공격적이고 자율적인 금융 정책으로 보다 나은 미래를 열겠다는 정치권의 야심으로 규제 완화가 시작되었다. 이런 규제 완화를 통해 처음엔 어느 정도 이익을 내기 시작했고, 한때 신자유주의의 성공적인 모델을 적용한 나라로 각광 받기도 했다. 아이슬란드 정부는 여러 산업 분야를 민영화하고 금융 산업의 규제들을 과감하게 철폐하여 자유롭고 공격적인 영업을 할 수 있도록 변화를 주었다.

하지만 어떻게 될지 모르는 미래에 자신이 가진 자산 이상의 레버리지를 건다면, 위기가 왔을 때 과연 어떻게 될 것인가? 아이슬란드는 2008년 금융위기 상황이 닥쳤을 때 국가 GDP의 10배에 달하는 부채를 끌어안게 되어, 우리와 비슷하게 IMF에 구제 금융을 요청하는 신세로 전락하고 말았다. 유럽 각국에 손을 벌리는 신세가 되어 정말 딱한 처지가 되었다. 그들은 심지어 중국에게까지 도움을 청해야 했다. 물론 이런 결과는 아이슬란드의 은행들이 무분별하게 외자를 빌어다 고위험 상품들에 투자했기 때문이다. 하지만 이들 뒤에는 미국의 경우처럼 정부의 방관과 방임이 있었다.

이런 수치상의 문제만이 아니라, 2008년의 금융위기는 자본주의 경제 체제 전반의 신뢰를 무너뜨렸다는 점이 가장 큰 문제였다. 금융 분야에서 투자자의 신뢰는 매우 중요한 요소이다. 우리가 은행에 돈을 안심하고 맡기는 이유는 은행을 믿기 때문이다. 은행이 내가 맡긴 돈을 허투루 쓰거나 엉뚱한 데 투자하여 날려 버린다면, 그 누구도 은행에 내 돈을 맡기지 않을 것이다. 은행은 절대 나의 재산을 허락도 없이 마구 쓰다가 날리는 법이 없을 것이라는 신뢰가 있기 때문에 귀중한 나의 재산을 믿고 맡기는 것이다. 그런데 만일 그 귀한 내 돈을 나의 허락도 받지 않고 위험한 곳에 마구 투자하다가 손해를 본다면, 그 책임은 누가 질 것인가? 은행을 믿을 수 없다면, 도대체 우리는 어디에 내 재산을 맡겨야 할 것인가?

더욱이 경제 정책 당국은 은행들을 감독하고 법률이나 제도적으로 손해가 나지 않도록 관리해야 함에도 불구하고, 오히려 은행들의 무분별한 투자 행태를 부추긴 꼴이 되고 말았으니, 미국 금융위기 시 일반 시민들의 분노는 극에 달할 수밖에 없었다.

미국에서는 연일 일반 시민들이 미국 금융 시스템의 상징인 뉴욕의 월스트리트에 모여 자본주의 금융 시스템을 규탄하는 시위를 열었고, 책임 있는 당국자의 법적인 책임을 묻는 조치를 요구했다. 어찌 보면 당연한 일이었다.

현대의 은행, 투자 기관, 보험사, 증권사 등 금융 기관들은 서로 거미줄처럼 촘촘하게 연결되어 있기 때문에, 어느 한 곳에서 문제가 발생하면 엄청난 속도로 모든 기관이 함께 위기에 봉착할 수밖에 없다.

만일 일반 시민들의 신뢰를 회복하지 못한다면, 눈에 보이는 수치적인 손해 외에 미래 금융 분야 전체에 자금이 원활하게 공급되지 못할 것이고, 그 여파는 다시 실물 경제에도 악영향을 미칠 것이 뻔했다.

그래서 이런 일반 시민들의 불안과 불만을 가라앉히기 위해 미국의 경제 당국은 우리나라의 IMF 때도 그랬듯 신속하게 법률을 제정하여, 총 7천억 달러 규모의 공적 자금을 투입했다. 이 자금은 금융 기관의 부실 채권을 매입하는 일에 주로 쓰였고, 금융 회사가 보유한 불량 자산을 매입해 그 손실을 보전해 줌으로써, 이들 기관들이 자기 자본을 확충할 수 있도록 도와주는 데 쓰였다. 즉 휴지조각이나 다름없는 부실 채권을 국민들의 혈세로 사들여 이들 금융기관이 파산하는 것을 막았다. 결국 국민들의 호주머니를 털어 엄청난 보너스를 나누어 가지며 흥청망청 자신들만의 돈 잔치를 벌인 사람들의 뒤치닥거리를 했던 것이다.

또한 국민들의 분노를 감안하여 미국 정부는 구제금융 대상 회사 임원들의 보너스 지급 금지, 시가평가 회계 기준의 임시 유예, 연방준비제도 이사회의 금융기관 레버리지 규제 검토, 현행 규제 시스템의 효과성에 대한 특별 보고서 작성, 예금보험 한도를 10만 달러에서 25만 달러로 확대하는 방안들을 추가적으로 시행했다. 그리고 미 연방준비제도 이사회는 서브프라임 모기지론 위기로 촉발된 금융위기를 타개하기 위해 '양적완화(量的緩和)'라 불리는 대규모 통화량 증가 정책을 펼치게 된다. 당시 미국은 시중 금리가 거의 제로금리 상태였기 때문에, 이자율 정책이 아니라 직접 통화량 증가를 통한 시장 견인을 정책으로 택했던 것이다. 미국 중앙은행에서는 시중 자금 공급을 위해 엄청난 액수의 국채를 매입하는 형태로 막대한 금액의 달러를 시장에 공급했다. 쉽게 말하면, 시장의 위기를 극복하기 위해 엄청난 규모의 달러를 마구 찍어 냈던 것이다.

전 세계의 기축(基軸)통화로 무역거래의 주요 결재 수단인 달러를 이렇게 마구 찍어 내면, 세계 각국의 금고에 들어 있는 달러화의 가치가 동반 하락할 것은 자명한 일이었다. 그래서 이 정책은 당시에 말도 많고 탈도 많았지만, 미국의 국력이나 군사력이 워낙 우월했기 때문에, 여러 난제들과 주변국들의 우려에도 불구하고 지속적으로 시행되었다.

　미 당국자에게 달러화 하락에 따른 책임을 물어야 했지만, 이를 강하게 항의할 수 있는 나라는 없었다. 중국처럼 엄청난 양의 달러를 가지고 있는 나라의 경우, 이런 조치로 인해 손해를 볼 수 있는 상황이었지만, 미국의 양적완화 정책을 막지 못했고, 전 세계에 달러가 뭉칫돈으로 돌아다니는 현상이 발생했다. 사실 그렇게 늘어난 달러는 오히려 중국과 아시아의 일부 국가, 브라질과 러시아 등이 달러화 하락에 따른 혜택을 보게 만들기도 했다. 우리나라도 예외는 아니어서, 사상 최대 규모의 외환이 국내 은행들에 쌓이는 경험을 했다.

　손해가 날 것이라는 당초 우려와는 달리 미국의 양적완화 정책의 가장 수혜자는 중국이었다. 미국은 늘어난 달러화로 중국에서 생산되는 많은 물건을 샀고, 중국의 산업 생산력이 비약적으로 발전할 수 있게 되었다. 이들의 밀월 관계를 빗대어 '차이메리카'[12]라는 말까지 등장했다. 미국과 중국은 개인 간의 거래에서는 보기 드문 이상한 거래를 하고 있었다. 즉 중국이 생산하면 미국이 돈을 찍어 이 물건들을 사들이는 모습이었다. 그렇게 되면 당연히 미국 돈인 달러가 중국에 쌓이게 된다. 중국은 이 돈을 다시 미국으로 빌려 주었고, 미국은 중국에게서

12　재커리 캐러벨이 『슈퍼퓨전』이란 저서에서 양국의 이런 관계를 이야기하면서, '차이메리카'를 긍정적 시각으로 바라보고, 양국이 경쟁국이 아닌 동반국으로서 경제적으로 원활하게 협력해야 인류에게 밝은 미래가 올 것이라고 했다.

빌린 달러로 다시 중국의 생산품을 사들였다. 마치 두 아이가 서로 그림을 사고팔면서, 똑같은 그림의 값을 계속해서 올리는 것과 비슷한 상황이라고 볼 수 있다.

　국가 간의 무역은 시장통에서 상인과 일반 시민들이 물건을 사고파는 것보다는 복잡하고 다양한 힘의 원리에 의해 이루어진다는 것은 당연한 일이지만, 이 두 나라는 세계 경제를 주름잡는 주역으로서 그렇게 이상한 관계를 유지하면서 세계 경제를 견인했다.

　미국의 하청 공장 정도로 미약했던 중국의 생산력이 비약적으로 발전하면서, 중국의 경제력도 미국 다음으로 커졌다. 이젠 오히려 경제적으로 미국을 압박하는 모습까지 보이고 있다. 정말 격세지감이 아닐 수 없다. 미국도 그랬지만 전 세계적으로 여러 나라들이 중국을 하청 공장으로 이용하면서, 그동안 세계 경제는 엄청난 이윤을 낼 수 있었다. 우리나라 역시 20여 년 전 가전제품, 유명 브랜드 여성복 같은 상품의 가격과 지금 그 상품의 가격을 비교해 보면, 얼마나 중국의 덕을 많이 보고 있는지 알 수 있다. 이제 미국은 과거 일본과의 관계에서도 그랬듯이, 가장 큰 경제 파트너인 중국과도 밀월 관계에서 경쟁 관계로 들어가고 있다.

　어쨌든 당시 미국은 당장 수혈이 시급한 금융시장의 안정을 위해 양적완화로 늘어난 달러를 금융 기관에 지원했다. 물론 중국의 값싼 물건들도 많이 수입해 갔다. 중국 역시 그렇게 미국이 사간 물건 값으로 받은 달러가 늘어나면서, 전 세계 어느 나라보다 가장 많은 달러를 보유한 국가가 되었다.

미국의 달러는 중국을 통해 전 세계로 흘러 들어갔으며, 어느 정도 경제력을 보유한 세계 여러 나라의 금고에는 달러가 넘쳐났다. 어떤 면에서 보면 매우 위험한 전략이었지만, 출구 전략이라 불리던 미국의 양적완화 정책이 경기 회복과 함께 어느 정도 소기의 목적을 달성했다고 할 수 있다. 몇 년간 지속했던 양적완화 정책은 목표를 달성했다고 판단한 미국 정부에 의해 서서히 줄어들었고, 이젠 완전히 예전 규모 정도로 달러화를 관리하기 시작했다. 뒤이어 시중금리를 인상함으로써 그들은 전 세계에 풀린 달러화를 거둬들이기 시작했다. 하지만 이런 미 정부의 정책에도 불구하고 최근 달러화의 이상 약세 현상을 보면, 당장은 많은 사람들이 미국 경기의 큰 개선을 예상치 않는다는 것을 알 수 있다. 출구 전략이라는 끝장 정책을 통해 위기는 넘어섰지만, 경기 진작이라는 또 다른 숙제는 여전히 미국 정부가 안고 있는 문제이다.

하지만 이제 미국은 급한 불부터 꺼야 하는 어려운 시절에서 벗어나 국가 시스템 전반의 관리를 위한 정책을 가동하기 시작했다. 이들의 양적완화 조치로 전 세계는 잠시나마 경기 활성화가 이루어진 것이 사실이다. 전 세계 많은 나라들의 금고에 들어 있는 달러들은 언제든지 여러 사업과 무역을 위해 쓰일 수 있었다. 가장 큰 위기 상황이었던 금융위기에서 벗어나 세계 경제는 다시 힘찬 도약을 준비하는 모양새다. 이런 상황은 우리나라를 비롯한 전 세계 주식시장에도 지표로 나타나고 있다. 우리나라의 주식시장도 사상 최고치를 경신하면서 고공 행진을 하고 있고, 다른 나라들도 비슷한 모습을 보이고 있다. 그러나 2008년의 금융위기에서 전 세계가 완전히 벗어난 것은 아니다. 오히려 자본주의 경제 체제 전반에 걸친 불신의 분위기는 더욱 팽배해진 모습을 보이고 있다.

그런 모습을 보여주는 것이 2010년의 그리스 금융위기였다. 당시 EU는 그리스 금융위기로 인해 가슴을 쓸어 내려야 했다. 그리스는 유럽 연합 전체의 GDP 대비 3%에 수준에 불과한 작은 경제 규모 국가이지만, 프랑스를 비롯한 독일과 영국까지 그리스의 금융위기가 파국으로 치달을 경우 큰 손실을 입는 것은 물론, 유럽 전체가 경제 위기에 봉착할 수 있는 상황이었기 때문이다. 비록 그리스의 경제 위기가 과도한 복지 정책이나 부패한 관리 시스템 등 자국의 원인에서 비롯되었다고는 하지만, 어쨌든 글로벌 경제 시스템에서 어느 한 나라가 위기에 빠지게 되면 전 세계는 언제든 2008년의 악몽을 되풀이하면서, 그 책임을 공동으로 져야 하는 상황이 연출될 수 있다는 것을 너무나 잘 알게 되었다.

당시 그리스만이 아니라 스페인, 포르투갈, 아일랜드 등의 국가 경제 상황도 풍전등화 같은 모습이었다. 시작은 그리스라는 한 나라의 자국 정책 실패가 가져온 단순한 지역적 문제로 보였지만, 그 불씨가 다른 나라로 옮겨 가는 형국으로 발전하면서, 결국 유럽 연합의 여유 있는 국가들은 물론 IMF까지 나서서 그리스에 구제 금융을 지원하게 되었다.

그리스에 투입된 자금은 약 3,300억 유로, 한화로는 413조 원에 이르는 막대한 금액이라고 알려져 있다. 하지만 이런 노력에도 불구하고 그리스의 경제 상황은 경제 위기가 오기 전의 1/4 수준으로 줄어들었다. 실업자는 2.5배가 늘어난 90만 명 이상이고, 국가 부채는 나날이 늘어, 이 빚을 다 갚으려면 그리스 전 국민이 아무것도 쓰지 않고 먹지 않으면서 2년 가까이 돈을 모아야 할 정도로 절망적인 상황이 되어 버렸다.

즉 그리스는 거의 파산 상태라고 할 수 있다. 한 가지 다행스러운 점은, 그리스의 경제 규모가 그렇게 크지 않아 돈을 빌려준 나라나 유럽중앙은행, IMF 등이 그리스로부터 돈을 돌려받지 못할 것을 감안하고 미리 준비했다는 것이다.

그리스 사태를 바라보는 경제학자들과 관리들의 심경은 무척 복잡할 수밖에 없었다. 일각에서는 자본주의 경제 체제가 가진 한계점이 마침내 드러난 것 아니냐는 자조 섞인 말들이 흘러나오기 시작했다. 자본주의가 경제 체제가 제도 진화의 정점에 이르렀으며, 이제 쇠락의 길로 들어서는 것은 아니냐는 우려의 말들도 나오기 시작했다.

경제 시스템은 신뢰와 원칙을 바탕으로 구축되고 발전하는 것이다. 자본주의 경제 체제 역시 그런 믿음과 규범을 기반으로 발전할 수 있었다. 하지만 지금의 자본주의 체제는 신뢰나 규범보다는 규모의 경제가 시장을 지배하고 있다. 1930년대 대공황 때도 그랬고, 오일쇼크와 금융위기 등 여러 경제 위기가 있었지만, 전 세계는 그런 위기를 통해 교훈을 얻지 못한 것처럼 보인다.

신뢰가 무너진 자리에는 또 다시 일반 시민들의 세금으로 시스템이 복구되고 만들어지곤 한다. 하지만 언제까지 이럴 수 있을까? 신뢰를 깨트린 사람들은 피해를 보지 않고, 믿음을 가진 선의의 시민들과 참여자들은 큰 피해를 거듭해서 보게 된다면, 과연 그 시스템이 제대로 가동되고 있다고 할 수 있을까?

자본주의 경제 체제의
한계와 대안

자본주의 경제 체제의 한계

자본주의와 양두마차로 상징되던 또 다른 경제 체제인 사회주의 경제 체제는 1991년 소련의 붕괴와 함께 종말을 고했다. 경쟁 관계였던 사회주의 경제 체제의 붕괴 이후 25년이 넘는 기간 동안, 자본주의 경제 체제는 전 세계의 유일한 경제 체제 시스템이자 기본 사상으로 군림하면서, 대적할 만한 상대를 찾지 못했다. 사회주의 경제 체제는 비록 역사 속으로 사라졌지만, 이들이 자본주의 경제 체제에 대해 비판했던 내용들은 아직도 자본주의 경제 체제의 아킬레스건으로 남아 있다.

자본주의 경제 체제의 위기 상황을 보면서 많은 경제학자들이나 시민들이 자꾸만 하게 되는 생각은 자본주의가 소득 불균형이라는 태생적인 한계를 가지고 있다는 것이다. 또한 시장 경제가 팽창하면서 필연적으로 부채가 늘어날 수밖에 없는 구조를 가지고 있다는 것이다. 그리고 레버리지 효과에서 볼 수 있듯, 자신을 믿고 맡긴 고객의 자금으로 멋대로 투자하면서 위험 상황을 자초한다는 것이다. 비록 시장이 조금 덜 확대되고 조금 느리게 발전해도, 위험 상황을 맞아 다 함께 붕괴하는 것보다는 나을 것이다. 사회 전체적인 부는 조금 적고 낮을지라도, 모두가 비슷한 생활수준을 가지고 있다면 오히려 더 행복한 사회가 될 수 있다. 그런 상황을 우리는 부탄이나 티베트 같은 곳에서 보고 있다.

클린턴 행정부에서 노동부 장관을 역임했던 로버트 라이시 교수는 『위기는 왜 반복되는가?』라는 책에서, 지극히 당연한 명제인 근로자, 즉 중산층이 최대의 소비자라는 생각을 망각하는 것이 소득 불균형과 경제 위기의 원인이라고 지적했다. 자본주의 경제 체제에서 일반 사기업의 목표는 투자자인 주주들의 이익을 극대화하는 것이라고 할 수 있다. 사기업들은 이 목표를 달성하기 위해 비용 부분에서 비중이 큰 인건비를 줄이기 위해, 근로자 수를 축소하고 임금 인상을 막으며, 공장 자동화 같은 효율적인 시스템을 도입하기 위해 애쓰게 된다. 따라서 상대적으로 임금을 주 수입으로 하는 근로자들의 상황은 더욱 어려워질 수밖에 없게 된다.

하지만 문제는 이들 근로자가 바로 기업의 이익을 늘려 주는 최대 소비자 집단이라는 것이 라이시의 주장이다. 단기적으로 주주의 이익을 극대화하기 위해 근로자들을 가난하게 만들면, 장기적으로 결국 기업도 매출에 타격을 입을 수 있다는 것이다. 소수의 사람에게 부가 편중된다고 해서, 이들 부자들이 번 만큼 모두 소비하지는 않는다. 오히려 저축을 더 많이 늘리고 금융 자산을 보유하게 된다. 따라서 이들 소수의 부자들이 대다수 국민들의 구매력을 흡수한 상황 하에서 적당한 비중의 소비와 지출이 유지되려면, 대다수 국민들이 부채에 의존해 소비할 수밖에 없게 된다. 그래야 당연히 시장의 소비 수준이 유지될 수 있다.

라이시는 1950~1980년대 초 평균 9~10%였던 미국의 소득 대비 저축률이 2000년 중반에는 3%로 떨어졌으며, 가계 소득 대비 지출은 1960년대 55%에서 2007년에는 138%로 대폭 늘었다고 했다. 많은 사람들이 이런 결과를 두고, 미국인들이 과거에 비해 소비가 너무 많이 늘었다고 비판하지만, 라이시는 실질 임금이 거의 늘지 않은 상황에서 생활수준을 이전처럼 유지하기 위해 어쩔 수 없이 저축을 줄이고 대출을 받아 소비할 수밖에 없다고 주장했다.

사실 기업과 국가 입장에서도 고용이 유지되고 경제가 돌아가려면, 일반 서민인 근로자들, 즉 소비자들의 유효수요를 충족시켜 주어야 한다. 그러기 위해서는 실질 임금은 오르지 않더라도 소비는 이전 수준으로 할 수 있도록, 차라리 이들이 빚을 쉽게 얻을 수 있도록 해주는 것이 정답일 수 있다. 이런 악순환은 미국의 경우만이 아니다. 절대 다수의 중산층 사람들보다 극히 일부 부유층이 훨씬 더 많은 자산을 보유하고 있고,

그 빈부의 격차가 점점 더 벌어지고 있는 비교적 잘산다는 일본, 대만, 중국, 우리나라 그리고 유럽의 일부 국가에서도 공통적으로 나타나고 있는 현상이다.

빈부의 격차는 오히려 소득 수준이 아주 낮은, 흔히 말하는 후진국에서는 잘 나타나지 않는다. 이와 같은 소득 격차 문제는 다양한 사회문제와 혼란을 야기하게 되는데, 그것이 바로 최근 여러 자본주의 경제 체제 국가들의 문제에서 공통적으로 드러나는 원인인 것으로 보인다. 상대적인 빈곤이 가져오는 사회적인 악영향은 전체적으로 소득 수준이 고르게 낮은 후진국보다 잘 사는 나라들에서 훨씬 심각할 수 있다는 사실을 나타내는 대목이다.

2014년 5월 영국 런던에서는 '포용적 자본주의 회의'라는 일종의 포럼이 열렸다. 자본주의가 이대로는 안 된다는 위기의식을 가졌던 빌 클린턴 전 미국 대통령을 비롯하여 크리스틴 라가르드 전 IMF 총재 등이 참가한 이 회의에서는, 자본주의의 새로운 윤리적 성장 틀을 만들어야 한다는 의견이 분분했다. 매년 스위스 다보스에서 열리는 세계경제포럼(WEF)보다 더 적극적인 자본가들의 '자본주의 위기'에 대한 고민을 드러낸 자리였다.

이들은 과거 자본주의 경제 이론이 불평등의 중요성을 간과했고, 분배보다는 전체 파이를 키우는 데에만 초점을 맞춰 정책을 만들고 실행했다는 점을 비판적으로 다루었다. 미래의 자본주의를 위해 일반 시민들을 위한 교육 여건의 개선, 근로자들의 직무 능력 향상을 위한 기술 훈련, 실업 해소를 위한 일자리 창출, 혁신적인 아이디어의 발굴이 필요하다고 강조했다. 그리고 누구나 노력하면 성공할 수 있다는 사회적 분위기를 만들기 위해 기회의 사다리를 제공하고, 회사들이 주주들만을 위한 단기 수익 모델에 집착하는 모습에서 탈피해야 한다는 등의 구체적인 대안을 제시했다.

즉 편향된 소득 분배는 장기적으로 성장 속도와 지속 발전 가능성을 떨어뜨린다는 것이고, 결국 이것이 경제 침체로 이어져 미래의 발전 가능성이 없어진다는 점을 우려한 것이다. 회의에 참석한 폴 폴만 유니레버 CEO는 "자본주의의 본질이 위협받고 있다. 세상의 광기를 막고, 자기 이익보다는 대의를 우선시해야 한다"며 "기업, 정부 및 금융이 새로운 윤리적 성장 틀을 구축해야 한다"고 주장하기도 했다. 인류 역사 이래 가장 풍요롭고 진보적이라는 평가를 받았던 자본주의 경제 체제는 21세기를 맞아 새로운 체제로의 변신이라는 자기 성찰과 변화에 대한 압박을 받고 있다. 자본주의 경제 체제는 왜 이렇게 어려운 상황에 내몰리게 되었을까?

자본주의 경제 체제는 기본적으로 진입 장벽이 없는 완전 경쟁과 누구나 같은 기회로 경쟁한다는 의미의 완전 평등이라는 대전제를 가지고 출발했다. 원하는 사람은 누구든지 시장에서 자신이 만든 물건을 자유롭게 판매하고, 이를 통하여 축적된 재산을 누구의 간섭도 없이 개인이 소유하는 방식으로 이루어진 경제 체제를 표방한 것이다. 이것은 국가나 그 어느 누구도 침범할 수 없는 불가침의 권리라고 역설했다. 하지만 인간은 조금씩 능력과 지식, 기술에 차이가 있게 마련이다. 완전한 경쟁이라는 전제는 사실 더 가진 자들이 쉽게 앞서갈 수 있도록 배려해 주는 불완전 경쟁의 시작이라고 할 수도 있다. 출발점이 다른 주자들의 달리기 시합과도 같은 것이다. 강자에게 유리할 수밖에 없는 자유 경쟁의 논리는 지속적으로 부가 편중되는 결과를 낳게 되었다. 산업화의 초기에는 이런 사유재산의 증가와 경쟁력의 차이에 대한 이해가 깊지 않아 자본가와 노동자도 평등하다고 생각했고, 노동 계약이 순수한 시장 논리만으로도 이루어질 수 있다고 믿었다.

즉 노동자는 자신이 원하는 수준의 임금 협상이 이루어지지 않으면, 자본가와 노동 계약을 맺지 않으면 된다는 식으로 생각했던 것이다. 그러나 생각해 보면 노동자는 임금 조건이 맞지 않는다 해도, 자신의 유일한 자산인 노동력을 제공하지 않으면 먹고, 입고, 자는 가장 기본적인 인간의 생활을 할 수 없다. 자신이 원하지 않는 노동 조건과 임금이라 할지라도, 그들은 먹고살기 위해 불평등한 상황에서도 노동 계약을 체결할 수밖에 없는 것이다.

자본주의 시장에서 이렇게 약자에 해당하는 사람들에 대한 배려가 이루어지지 않는다면, 진정한 의미에서의 자유 경쟁이나 완전 경쟁이 될 수 없다. 그리고 현실적으로 누구나에게 완전한 기회가 주어지는 완전히 평등한 경쟁이라는 시장 질서를 만들기란 거의 불가능한 일이다.

또한 자본주의는 마치 배가 부른데도 계속해서 먹어 대는 도깨비처럼, 자본의 축적을 한없이 이루고 싶게 만드는 인간의 욕망과 어우러지게 된다. 그렇기 때문에 자신들의 공동체를 무너뜨리는 여러 가지 사회적 병폐를 낳게 된다. 그래서 자본주의 사회에서는 물질 만능이라는 자조 섞인 말이 나오게 되는 것이다. 돈이 인간 생활의 기준이 되고 돈이 삶의 목표가 되어, 왜 돈이 필요한지, 그것으로 무엇을 할 것인지에 진지한 성찰 없이 그저 돈을 모으고 움켜쥐는 데만 혈안이 되는, 가치관의 혼란이 오게 되는 것이다.

선진국의 다국적 기업들이 전 세계에서 벌이는 사업 형태를 보면, 단기간의 이익을 위해 해당 지역의 환경을 무분별하게 파괴하거나, 오랜 세월 잘 유지되던 지역 공동체의 붕괴를 가져오는 경우를 심심치 않게 보게 된다. 분명 그들이 자국에서 사업을 했더라면, 이렇게 비도덕적인 경영을 하지 않았을 뿐만 아니라 더 많은 주의와 관리를 했을 것이다. 그런데 제3국인 후진국에서 사업을 진행하다 보니, 도덕적 해이가 온 것이다. 이런 예를 지난 1984년 인도에서 발생한 보팔 가스누출 사고에서 볼 수 있다.

미국의 다국적 기업인 유니언 카바이드 사에서 운영하던 가스 공장에서 관리자의 실수로 42톤의 아이소사이안화메틸(MIC)

이라는 유독가스가 누출되었다. 인구 밀집 지역에 공장이 있었기 때문에 사고 당일에만 인근 주민 3,000여 명이 사망하고, 이후 후유증으로 2만여 명이 사망했다. 부상을 입은 주민이 20여만 명에 달할 정도의 대규모 참사였다.

해당 지역의 자연 생태계 역시 크게 훼손되어, 지금도 그곳은 식물이 살 수 없는 불모지로 전락되었다. 또 물에서는 수은을 비롯한 12가지 유독성 물질이 현재도 검출되고 있다. 이 사고는 20세기 최대의 인명 피해를 낸 산업 재해로, 지금도 12만 명이 실명과 호흡 곤란, 위장 장애 등 만성질환을 앓고 있다. 또한 중추신경계와 면역체계 이상으로 인한 중병을 앓고 있는 사람도 있고, 유전자 돌연변이도 출현하고 있다.

이 사건으로 피해 보상을 청구한 사람만도 58만 3,000여 명에 달한다. 인도 정부는 피해 보상금으로 33억 달러(약 3조 5,800억 원)를 요구했지만, 유니온 카바이드와의 기나긴 협상 끝에, 1989년 4억 7000만 달러(약 5100억 원)만 받아 낼 수 있었다. 2014년 인도 정부는 12억 달러의 추가 보상을 요구했으며, '보팔의 정의를 위한 국제 캠페인'이라는 피해자 지지 단체에서는 81억 달러 규모의 추가 보상을 요구하는 운동을 벌이고 있다. 그러나 정작 사고를 낸 회사 책임자에 대한 형사 처벌은 이루어지지 않고 있고, 아직도 공장에 잔류하고 있는 막대한 양의 오염 물질에 대한 처리도 되지 않고 있다.

만일 유니온 카바이드라는 회사가 미국에서 이 공장을 운영했다면, 과연 이런 일이 가능했을까? 물론 미국이라 해도 이런 참사가 벌어질 가능성은 있다. 하지만 그런 사고가 났다면 당연히 관련 책임자의 형사 처벌은 물론 대규모의 손해배상도 이루어졌을 것이다.

도덕적 해이로 인한 문제는 인도만이 아니라, 다국적 기업들이 진출한 아프리카와 남미 등에서도 심심치 않게 발생하고 있다. 자본의 무한한 이익 창출을 위해 환경파괴나 해당 지역 공동체의 파괴는 그저 넘어야 할 걸림돌 정도로 전락된 것이다.

자본주의 경제 체제는 또한 공익과 사익이 공존하는 부분에서 매우 취약한 면을 보여준다. 즉 이익이 되지 않는 일은 하지 말아야 한다는 자본주의의 기본 정신이 문제인 것이다.

예를 들어 사람이 얼마 살지 않는 지역에 대중교통 수단인 버스를 운행하는 경우나 한적한 농촌 지역에 다리를 놓는 경우처럼, 투자 대비 이익이 나오지는 않지만 공익이 앞서는 사업의 경우, 자본주의 정신으로는 사업을 진행할 수 없다. 아무리 대중교통이라고는 하지만, 운전기사의 월급과 사업에 따른 이익이 나오지 않는 지역에 버스를 투입한다는 것은 자본주의적인 생각으로는 절대 불가능한 일이다. 즉 돈이 되지 않는 일을 왜 하느냐고 생각할 것이다. 인구가 적은 한적한 농촌 지역의 다리는 하루에 농기계나 지역 주민 몇 명만이 이용하는, 이용률이 낮은 사회 인프라 시설이다. 자본주의적인 사고방식으로는 이렇게 경제성이 떨어지는 곳에 비용을 들여 다리를 건설하는 사회 인프라를 구축할 필요가 없다. 그런 시골 다리에는 그 흔한 광고판 하나 달기 어렵기 때문에 이용가치가 없는 것이다.

　하지만 우리는 살면서 꼭 돈이 되지 않아도 필요에 의해서 비용을 지출해야 하는 경우가 의외로 많다. 물론 이런 곳에는 세금이 투입되는 공공 분야에서 일을 해야 하지만, 행정력이나 공적 서비스가 미치지 못하는 곳이 너무나 많기 때문에 민간에서 해결해야 하는 경우도 있게 마련이다. 물론 자본주의적인 생각만 한다면 당연히 이런 일들은 하지 말아야 한다. 이런 이유 때문에 자본주의 경제 체제가 발달할수록 대도시와 산업단지는 커지지만, 농촌이나 부심권은 버려지는 일이 빈번이 일어나는 것이다. 중요한 것은, 대부분의 서민들이 사는 곳은 도심의 화려한 환락가나 대규모 공장 단지가 아니라, 변두리의 주택가라는 것이다.

자본주의 경제 체제의 대안

사회주의 경제 체제의 붕괴는 결국 국가 주도의 계획경제 체제의 붕괴라고 할 수 있다. 소비에트 연방은 군사적으로나 경제적으로 1980년대까지 서방 세계에 가장 큰 위협이었다. 소련은 독일과 2차 세계대전을 치르면서 만들어 놓은 엄청난 규모의 산업시설과 공장들을 가동하며 물량 면에서 유럽 전역을 압도했다. 철저한 통제 사회를 유지하면서 국가가 완전하게 계획하고 관리하는 경제 체제를 가지고 있었다. 핵폭탄으로 무장한 소련의 위력은 난공불락의 성으로 보이기까지 했다. 소련의 산업 성장은 매년 계속되었기에 일부 남미 국가들은 소련식 통제경제 체제를 도입하여 국가를 발전시키려고까지 했다.

하지만 소련의 이중간첩 올레그 고르디에프스키가 1985년 영국 정보부에 의해 런던으로 오게 되자, 소련 경제의 허점들이 드러나기 시작했다. 그때까지 서방 세계에서는 소련의 경제구조와 규모에 대하여 제대로 이해하고 있지 못했다. 고르디에프 스키는 소련이 전체 GDP의 절반 가까이를 군비에 쓰고 있다고 폭로했다. 소련 국민들의 생활 수준은 서방 세계에 비하여 매우 열악했고, 생산성은 거의 바닥 수준이었다. 말을 듣지 않으면 총으로 위협하고 정치범 수용소에 보내면서 겁을 주어 일을 시키던 초기 소련의 경제 체제는 규모가 커짐에 따라 통제가 되지 않는 매우 혼란한 상황으로 치달았다. 계획경제와 국가 주도 경제 체제가 가지고 있는 취약성이 드러나게 된 것이다.

꼭 국가의 경우가 아니더라도, 지방자치 단체나 개인에게서도 이와 비슷한 양상을 볼 수 있다. 초기에 규모가 작고 참여하는 인원이 적어 통제가 가능했던 작은 사회나 조직도 그 규모가 커지면서 통제 범위를 벗어나는 경우를 볼 수 있다. 이렇게 규모가 커질경우 그 사회는 누구 한 사람에 의해 계획되고 운영되는 것이 매우 어려워진다. 경제 체제에 참여하고 있는 각각의 주체들은 모두 개성을 가진 인격체로서, 로봇처럼 일사분란하게 움직이는 것이 아니기 때문이다. 결국 그 경제 체제에 참여하는 사람들이 스스로 그라운드 룰을 정하고, 그 시스템에 본인 스스로 순응하면서 주인 의식을 가지고 함께 체제를 만들어 가야 하는 것이다. 그런 점에서 볼 때 자본주의 경제 체제는 현대로 오면서 지난 수십 년 간 사회주의 경제 체제가 보인 허점을 재연하고 있는지도 모른다.

자본주의 경제 체제에서도 세계 각국의 많은 경제 관료들과 정치인들은 시장경제가 국가에서 어느 정도 통제가 가능하다고 낙관적으로 보는 경향이 있다. 여러 경제 정책을 남발하면서 본인이 경기를 부양할 수 있다고 자신했고, 해가 거듭될수록 국가 주도로 시장 경제규모는 커져야 한다는 생각이 만연했다. 하지만 지난 경제 위기에서도 그렇고 사회주의 경제 체제에서도 그렇듯, 국가 주도의 경제 정책 또는 시스템 운영은 여러 문제점을 나타낼 수 있다. 규제가 필요한 곳에 자유를 주고, 자유를 주어야 하는 곳에 규제를 하는 실수를 범하기도 했다.

시장 경제규모가 무한대로 커지는 일은 있을 수 없다. 많은 사람을 고통과 시련으로 몰아 넣은 오일쇼크 시기의 스태크플레이션이 그것을 증명한다. 사회주의 경제 체제보다 자본주의 체제는 많은 자유가 주어지고 억압적인 통제도 없기 때문에 분명히 다르다고 주장할 수도 있다. 지금의 위기는 자본주의 경제 체제의 일종의 진화 단계로, 이 위기 상황을 잘 넘기면 또 다른 발전적인 방향을 모색할 수 있을 것이라는 낙관론을 펼수도 있을 것이다.

하지만 우리는 이미 주기적으로 계속되는 자본주의 경제체제의 혼란을 경험하고 있다. 오래된 논쟁인 고전학파의 주장과 케인즈 주의자들의 생각처럼, 자본주의 경제 체제에서 국가의 개입을 통한 경제 정책의 운영이 맞는 것인지, 자유로운 시장질서에 맡기는 것이 맞는 것인지 하는 결정 도 혼란 그 자체이다. 분명한 것은 어떤 방식으로든 세계 경제는 이제 누군가에 의해

획일적으로 움직일 수 있는 규모 수준에서 벗어난 거대 시장이라는 것이다. 그러면서도 서로 분절되어 있는 것이 아니라, 세계화라는 글로벌 시장으로 묶여 있다. 사회주의 경제 체제에서처럼 통제된 경제 체제와는 달리, 개인의 자유 경쟁이 어느 정도 보장되는 자본주의 경제 제체의 장점은 시장의 확대라는 지표에서 확인되고 있기는 하다. 하지만 정말 어려운 문제는 시장 경제의 올바른 운영을 위해 국가가 주도적으로 관여하는 것이 맞느냐, 정부의 관여를 최소화하고 시장의 자율에 맡기는 것이 맞느냐 하는 것이다.

과거 칠레에서 아엔대 좌파 정권을 축출하고 군사 쿠데타로 국가 지도자가 된 피노체트는 뛰어난 정치군인이었는지는 몰라도, 경제 전문가는 아니었다. 극심한 인플레이션과 높은 실업률로 고전을 면치 못하던 칠레의 국가 경제 상황을 타개하기 위하여 그는 미국의 고전학파 경제학자 밀턴 프리드먼을 면담하고 난 뒤, 칠레 출신으로서 미국 시카고에서 유학하고 온 젊은 경제학자 그룹에 국가 경제를 맡기는 대단한 결단을 했다.

그렇게 칠레 경제 정책을 좌지우지하게 된 그들은 500여 개의 국유 기업을 민영화하고 관세를 낮추며 세금을 줄이는 등, 파격적인 규제개혁 정책을 펼쳤다. 그러면서 실제로 칠레 경제를 짧은 기간 동안 일정 수준 이상으로 끌어 올리는 데 성공했다. 당시 프리드먼은 경제의 자유화가 정치의 자유화로 이어질 것이라며, 칠레의 정치 상황을 낙관적으로 전망했다. 분명 경제 상황은 군부 독재의 통제와 억압을 벗어나 상승 국면으로 접어들었다. 하지만 국민 개개인의 삶의 질은 그다지 좋아지지 않았다. 즉 경제의 민주화로까지는 가지 못한 것이다.

오히려 칠레 저소득층 국민들의 삶은 더욱 힘들고 피폐해졌다. 그 이유는 국가 경제의 발전으로 발생한 이익을 일부 사람들만 향유했기 때문이다. 일반 국민들은 그 혜택을 나누어 가지지 못했다. 부의 재분배 면에서 실패한 것이다. 열심히 일해서 경제가 좋아졌다고 믿었지만 자신에게 돌아오는 것이 오히려 줄어들자, 성난 칠레 국민들은 이런 결과가 프리드먼 때문이라고 그를 비난했다. 급기야 그의 경제 노벨상 수상식장에서 '프리드먼은 집으로 돌아가라'는 구호를 외치는 소동까지 벌어졌다.

당시 칠레의 상황을 보면, 계획과 통제된 경제 체제를 자유화하고 민영화하면서, 분명 그 나라의 국가 경제는 호전될 수 있었지만, 이익을 분배하는 면에서는 매우 어려운 난관이 있음을 알 수 있다. 즉 자본주의 경제 체제가 풀어야 하는 문제는 '시장경제의 효과적인 운용을 위해 정부의 관여가 어느 정도까지여야 하는가?' 하는 것 외에도, 적절한 이익 분배를 어떻게 이룰 수 있는가 하는 것이 매우 중요한 것이다.

폴란드 출신의 사회학자 지그문트 바우만은 그의 저서 『우리는 왜 불평등을 감수하는가?』라는 책에서 세계의 불평등에 대한 이야기를 하고 있다. 자본주의 세계에서 빈부의 격차는 처음부터 있었다. 그러나 2008년 금융위기 이후 그 격차는 더욱 벌어져, 전 세계 상위 1% 부자들이 전체 부의 40%를 가지고 있고 있으며, 상위 10%는 전체의 85%를 가지고 있다. 하위 50%의 부는 전체의 1%에 불과하다는 것이다. 카타르의 1인당 국민소득은 짐바브웨의 1인당 국민소득의 428배에 달하고, 전 세계 상위 5명 부자들의 부를 합치면 프랑스의 국부와 비슷하다고 했다. 그의 주장대로 자유 시장경제의 기본 논리인 낙수 효과, 즉 상위 부자들의 부가 늘어나면 하위의 부도 늘어날 수 있다는 논리는 현실에서는 맞지 않으며, 개인의 이익 추구가 공익으로도 이어진다는 주장 역시 그렇지 않다는 것이다.

그런데도 왜 사람들은 이런 불평등을 감수하고 있는가? 바우만의 주장에 따르면, 우리는 그런 불평등을 가져온 자본주의 체제에 대하여 암묵적으로 잘 돌아가고 있다는 믿음을 가지고 있다는 것이다. 또한 그런 불평등한 구조에 대해 저항하지 않는 이유 중에는 자신도 그 구조의 일부이며, 그것을 통해 어느 정도 사회적 지위와 경제적인 이익을 누리고 있다고 생각하기 때문이라는 것이다. 물론 실제로는 그런 이익을 제대로 누리고 있지 못하지만 말이다. 그래서 그는 이런 구조를 효과적으로 변화시키기 위해서는 사회보장 제도처럼 공적인 부분에서 사회 비용을 감당해야 하며, 결사를 통한 집단적인 의사표현, 불평등에 대한 정확한 인식 등이 필요하다고 했다.

경제성장 자체가 나쁘다고 말하는 사람은 없을 것이다. 기업이 기술을 개발하고 이를 통하여 이윤을 극대화하고 그 이윤을 직원들과 나누어 가지면, 당연히 그 사회 전체의 이익은 커질 수 있다. 또한 그렇게 늘어난 이익이 다시 소비로 이어져 경제 전반이 동반 성장할 수 있다. 하지만 실제 이윤을 늘리는 것보다 훨씬 더 어려운 일은 그 늘어난 이윤을 효과적으로 나누는 것임을 역사적으로 알 수 있다. 또한 소비가 늘어나고 소득이 올라간다고 해서 반드시 그 사회의 행복지수가 높은 것만도 아니라는 것이 여러 조사 결과 나타나고 있다.

국가는 시장 경제가 잘 돌아가서 경제 지표들이 향상되는 것을 목표로 할 필요도 있지만, 그렇게 만들어진 전체 사회의 이익을 얼마나 잘 나눌 수 있느냐에 더욱 신경을 써야 한다. 이것 역시 고전학파적인 생각으로 시장에서 자율적으로 알아서할 일이라고 아무 정책도 시행하지 않고 손 놓고 있는 것은 직무유기일 수 있다. 하지만 이 문제는 정부의 시장 개입만큼이나 해결하기 무척 어려운 과제이다. 사회주의 경제 체제처럼 강제로 분배할 수도 없고, 완전한 자유방임 정책으로 손을 놓아버릴 수도 없다. 사실 현대 자본주의 경제 체제는 어느 정도 정부의 개입과 제한을 당연시하고 있다. 개입은 기정사실이지만 얼마나, 어느 정도 선까지 개입하는가 하는 것이 문제일 것이다. 또한 정책이 잘못되어 일본의 경우처럼 시장에 혼란이 와도, 그 책임을 묻기 어려울 것이다. 경제 정책을 하루아침에 일

괄적으로 멋대로 바꿀 수도 없으며, 모든 국민의 의견을 수렴하는 것도 불가능하다. 정부의 시장 개입 여부나 분배의 문제는 결국 사회적으로 합의가 가능한 대안의 모델이 나와야 해결할 수 있는 것이다.

이렇듯 국가 경제 체제를 운영하는 데에 있어서 정부가 개입할 것이냐 아니냐 하는 문제부터 성장의 몫을 어떻게 분배할 것인가의 문제까지, 자본주의 경제 체제는 매우 불완전한 미완의 운영 체제이다. 사실 그동안 정부가 주도하든 민간이 개입하든, 결국 다가오는 경제 불황을 효과적으로 막거나 대처하지도 못했으며, 어렵게 만들어진 경제 성장의 이익을 함께 누리지도 못했다. 앞으로도 이런 문제들은 지속적·주기적으로 발생할 수 있다.

사회주의 경제 체제가 자본주의 경제 체제에 완패했다지만, 자본주의 경제 체제 역시 내재적으로 여러 한계들을 가지고 있다. 즉 진정한 승자라고 하기엔 좀 불안하고 미심쩍은 부분들이 많다. 그렇다면 과연 어떻게 해야 자본주의 경제 체제가 보다 나은 미래를 제공할 수 있는 해답을 찾을 수 있을까? 그 해답은 바로 사회적 경제에 있다.

사회적 경제란 무엇인가?

▼▼▼
▼▼▼

사회적 경제에 대하여

사회적 경제는 결국 자본주의 경제 체제의 발전과 함께 나온 개념이라고 할 수 있다. 분명한 것은 사회주의와는 본질적으로 다른 개념이라는 것이다. 사회적 경제라는 용어를 접하는 많은 사람들은 사회주의 체제와 같이 통제되고 집단화된 일률적인 경제 체제를 먼저 떠올릴 수도 있다. 하지만 그런 의미와는 거리가 멀다. 사회주의가 부정하는 사적 소유나 사유 재산을 사회적 경제에서는 자본주의와 마찬가지로 불가침의 권리로 인식한다. 오히려 자본주의 경제 체제 하에서 개인의 자유와 노력으로 얻어지는 산물을 더 발전적인 방향으로 이끌어 가기 위한 진화론적 생각이라고 할 수 있다.

이미 언급한 대로 자본주의 경제 체제는 일부 주주나 기업의 소유주에게 이익이 집중되는 폐단이 있다. 그래서 발생하는 여러 문제가 있다. 즉 분배의 문제, 환경 파괴, 빈부격차 등의 사회 문제를 야기하면서 스스로의 존립을 위태롭게 했다. 자본주의 경제 체제는 사회주의 경제 체제 이후 지구상에서 거의 유일하게 남아 있는 국가 경제운영 체제이다. 하지만 자본주의는 이윤의 극대화라는 지상과제에 너무나 충실한 나머지, 그 안에 인간이 도구화되는 자기모순을 드러내게 되었다. 그래서 인간을 중심에 놓고 다시 한 번 생각해 보자는 것이 바로 사회적 경제의 개념이라고 할 수 있다. 자본주의에 충실한 지금의 시장경제 상황에서 사람의 가치를 더 높게 생각하는 경제 활동이라고 할 수 있다. 즉 이윤이나 자본이 중심이 아닌, '사람 중심의 경제' 활동을 하는 것을 목표로 삼자는 생각이다.

사회적 경제의 개념은 무척이나 오랜 역사적 의미를 가지고 있다. 1800년대 초 유럽과 미국에서 시작된 협동조합, 사회적 기업, 상호부조, 커뮤니티 비즈니스 등의 형태로 나타났다. 우리나라에서 현대적인 의미에서의 사회적 경제의 시작은 1920년대에 있었던 농민 협동조합과 도시 빈곤층들의 두레조합이라고 할 수 있을 것이다. 1960년대에는 전국 곳곳에서 시작된 신협을 그 예로 볼 수 있으며, 1980년대부터 많은 지역의 소비자들이 중심이 되어 시작된 생협, 1997년 외환위기 이후 갑자기 우리에게 닥친 대규모 실업사태와 고용불안, 빈부격차의 심화, 여러 가지 지역 문제 등을 해결하기 위해 만들어진 자활 센터나 사회적 기업, 마을 기업, 일반 협동조합의 등장에서 그런 개념을 엿볼 수 있다.

좀 더 정치적인 의미가 강한 '경제 민주주의'라는 개념도 있다. 과거 정치 민주화 열망이 높던 시절, 자본주의 경제 체제는 바꾸지 않으면서 경제 주체인 노동자나 소비자, 하청업체나 일반 시민들이 경제 체제의 의사결정에 참여하여 민주주의 가치인 평등을 실현하자는 것이 '경제민주주의'였다.

전두환 전 대통령의 호헌 발언에 반발하여 전 국민적인 저항 운동을 가져온 1987년, 전국적인 민주화 운동 때문에 결국 민주 진영의 손을 들어 준 개헌이 이루어졌다. 국민적인 승리로 평가되는 이 개헌에는 대통령 직선제나 지방자치 제도 같은 중요한 정치적 이슈도 들어 있지만, '경제 민주화'라는 개념도 처음으로 헌법 제119조에 기록되었다. 그러나 30년이 지난 현 정부에서도 '경제 민주주의'는 여전히 뜨거운 감자이자 해결해야 할 현안으로 남아 있다. 1980년대 당시의 민주화 운동으로 정치적인 민주주의는 많은 발전을 이루었지만, 아직도 경제 분야 민주화가 이루어지지 못하고 있다는 반증인 것이다.

경제 민주주의는 노동자나 자본가, 중앙이나 지방 어느 한쪽의 희생만을 강요하는 개념이 아니라, 유럽의 바세나르 협약[13]이나 하르츠 개혁[14]처럼 경제 주체들이 함께 참여하고 양보하

13　1960년대 네덜란드 노조는 물가 상승 등을 이유로 연 5~15%에 이르는 높은 임금 인상을 요구했고, 기업들은 경기가 어렵다는 이유로 신규 채용을 꺼렸다. 이런 악순환을 타개하기 위해 네덜란드 정부는 노사를 모아 놓고 바세나르 협약을 성사시켰다. 협약의 핵심은 노조가 임금 인상 요구를 억제하는 대신, 기업은 노동시간 단축 등을 통해 일자리를 늘리는 것이다.

14　2002년 독일에서 추진한 노동 정책이다. 12%까지 치솟은 실업률을 잡기 위해 독일 정부는 시간제 일자리인 '미니 잡'을 확대하고자, 관련법의 규제를 풀고 노동자 해고 보호 조처도 완화했다. 파견노동 규제도 대폭 풀었다. 이 정책은 연방정부 차원에서 노동조합의 반대를 무릅쓰고 시행했고, 2005년 65.5%이던 독일의 고용률은 2015년 74.1%로 뛰어 올랐다. 12%에 육박하던 실업률은 5%

며 서로를 이해하면서 발전해 나가자는 의미를 가지고 있다. 이를 위해서는 어느 일방의 목소리에 지나치게 힘이 실리거나 어느 한 쪽이 지나치게 약자가 되어서는 안 된다는 것이다. 이것은 완전 고용이나 소득 분배의 민주화같이, 우리가 사는 세상을 어떻게 하면 보다 나은 세상으로 만들 수 있을까에 대한 사회 경제학적 개념이라고 볼 수 있다.

경제 민주주의에 대한 개념이 완전히 정립되어 세계적으로 공통된 추론을 하고 있다고 볼 수는 없다. 각 나라의 사정과 환경에 따라 다르게 적용되고 있으며, 중요 개념도 조금 다르게 해석되고 있다. 하지만 경제 민주주의는 그 방법이 무엇이든, 궁극적으로는 사회적인 목표와 경제적인 목표를 동시에 달성하고자 하는 것이다. 경제 민주주의에서 바라는 모습은, 일반 시민들의 민주적 사회 건설 목표와 일치하도록, 기업이나 대주주같이 가진 사람들이 자신이 가진 것을 나누고 양보해 주는 것이다.

우리나라 역시 경제 민주주의에 대한 욕구가 매우 높은 편이다. 『경제 민주주의』라는 책을 쓴 미국의 로버트 A. 달은 다음과 같은 의견을 제시하고 있다. 즉 "자유와 평등은 토크빌이 우려하는 것과 달리 상호 대립하는 것이 아니라 보완하는 것이지만, 민주주의 체제에서 다수가 합법적 과정을 통해 소수를 억

대 초반으로 떨어졌다. 그러나 비정규직이 늘어나면서 독일 노동자의 삶이 크게 불안정해졌다는 비판의 목소리도 있다.

압할 위험이 있다"라고 주장했다. 그리고 정치적으로나 사회적, 경제적으로 불평등이 심화된다면, 일반 시민들을 분열시키고 민주주의에 대한 신념을 약화시켜 독재자가 탄생하게 될 수 있다고 했다. 이런 현상은 우리 사회에서 평등이라는 요소가 얼마나 중요한 것인지를 보여주는 좋은 예라고 강조했다. 또한 기업의 소유와 경영에는 다양한 불평등적 요소가 내포되어 있기 때문에, 보다 대안적인 경영 구조를 가진 민주적 기업 체제로, 노동자가 주인이 되는 기업이나 소유와 경영이 철저히 분리되는 소유주 간의 평등이 실현되는 기업이 필요하다고 역설했다.

　그가 주장한 시장경제의 가장 중요한 요소는 바로 자유와 평등이라는 민주주의의 기본 개념과도 일치한다. 이 두 요소는 서로를 보완하는 관계이기 때문에, 한 쪽으로 치우칠 때 그 사회는 불안해질 수 있다. 물론 그의 견해는 시대적으로 보면 조금 오래된 사상이라고 치부할 수도 있다. 그가 생각한 경제 민주주의는 정치적인 면에서의 접근에 더 주안점을 두고 있다. 사회의 혼란과 발전을 저해하는 요소로 인해 경제 민주주의의 필요성을 다룬 것이지, 경제 민주주의가 우리 사회의 발전을 이끌어 가는 핵심적인 요소라고 보지는 않았다. 하지만 우리가 살고 있는 지금의 시대는 정치 민주주의만큼이나 경제 민주주의도 사회 발전에 중요한 한 축임을 경험하고 있다.
　과연 경제 민주주의가 이루어지지 않은 사회가 정치적으로 민주화된 사회라고 주장할 수 있을까? 경제 상황이나 사상이나 체제도 물리학에서 이야기하는 관성의 법칙이 동일하게 적용된다. 즉 가려는 방향으로 계속 가고자 하는 경향이 있다. 사람들의 생각은 한두 번의 사건으로 쉽게 바뀌지 않는다. 그래서 우리 스스로 현재 자본주의 경제 체제의 모순에 대하여 인식하지 못하고, 지엽적인 다른 문제들에만 집착하고 있는지도 모른다. 그러나 어느 사조든 사회 체제든 결국 내재적인 한계가 있기 마련이다. 그런 상황이 오면 어쩔 수 없이 발전적인 방향으로 변화를 모색할 수밖에 없다. 지금 자본주의 경제 체제는 그런 변화의 날카로운 모서리에 서 있다.

사회적 경제의 탄생, 협동조합

사회적 경제를 이야기할 때 가장 먼저 거론되는 것은 세계적인 의미의 협동조합이다. 우리가 아는 농협이나 축협, 임협이 아닌, 세계적으로 어디나 존재하는 일반 협동조합이 그것이다. 세계 협동조합의 해인 2012년, 우리나라도 일반 협동조합 기본법이 제정되었다. 사실 자본주가 굳건한 세계 공통의 경제 체제로 자리 잡기 전에는 세계 어디서나 농경을 중심으로 하는 지역사회 질서와 문화가 대부분 존재하고 있었다. 우리나라도 '두레'라는 일종의 협력 문화가 엄연히 존재하고 있었고, 자조 모임과 지역의 문제를 서로 모여 논의하는 제도도 있었다. 거리나 지역적으로 제한이 많던 시절이기에 해당 지역에서는 다른 지역과 차별화된 나름의 독자적인 질서를 가지고 있었고, 생산자나 소비자가 서로 신뢰하며 지역적 특성을 이해하는 문화적인 동질감도 가지고 있었다. 결국 자본주의 경제 체제에서 원거리의 소비자와 생산자가 만나고, 대량 생산을 통한 생산자의 몰개성화가 추진되면서, 이런 소박하고 친밀

감 넘치는 문화가 점차 사라지게 되었다.

18세기 말엽 시작된 산업혁명은 생산자가 더 이상 개성을 가진 하나의 인격체가 아니라 생산물과 일체시되면서, 더 많은 생산과 더 효율적인 결과물 도출에 열을 올리게 되었다. 소비자 역시 가격과 브랜드라는, 내가 알지도 못하지만 뭔가 믿을 만한 것이라는 다소 불분명한 정의를 좇아 소비를 결정하는 패턴을 갖게 되었다. 즉 산업화와 자본의 집중은 몰개성, 몰지역화를 가져왔다. 산업혁명을 주도하던 영국에서 벌어진 '인클로저 운동'[15]은 이런 초기 자본주의 체제의 강제성과 폭력성을 명확히 보여주는 것이라 할 수 있다. 양을 키우기 위해, 혹은 판매용 곡물을 생산하기 위해 농지가 울타리로 막히고, 더 이상 농사로 연명할 수 없게 된 땅 없는 농민들은 저임금의 근로자가 되어 대도시로 몰려들게 되었다. 대부분 아무런 대책 없이 도시로 내몰린 농민들은 공장에 저임금 노동자로 취직할 수밖에 없었다. 자본주의 경제 체제의 발전 속에서 더 이상 경험과 개성을 가진 농업 전문가가 아니라, 저임금 노동자로서 기계 부품처럼 전락한 것이다. 그렇게 농민들은 공동체가 파괴된 몰개성의 대도시에서 겨우겨우 연명하는 불나방 같은 존재가 되었다.

---

15 1차 인클로저 운동은 16세기에 지주들이 곡물 생산보다 돈이 더 된다고 판단한 양모 생산을 위해 농작지를 목장으로 바꾼 운동이다. 이로 인해 농민의 실업과 농가 대규모 이동이 일어났다. 2차 인클로저 운동은 18세기 후반에서 19세기 사이에 농민을 도시의 임금 노동자로 만들고자 정부 주도하에 일어났다.

초기 자본주의는 저임금과 고효율이라는 명제에 집착하여 인간적인 면이 배제된 구조를 가지고 있었다. 오로지 효과적인 이윤 창출이라는 결과만으로 사람들을 내몰았다. 따라서 그로 인해 발생하는 비인간적인 구조에 대해 여러 비판의 목소리들이 나오게 되고, 다양한 해결책들이 나오게 된다. 가장 직접적이면서 폭력적인 '러다이트 운동'[16]은 노동자들이 기계를 부수고 공장을 폐쇄하는 극단적인 방법이었다. 하지만 노동자들도 자본가들처럼 조직화되고 전문성을 가져야 한다는 생각이 확산되면서, 노동조합 운동 같은 조직화 사업도 시작되었다. 투표권을 확보하고자 했던 '차티스트 운동'[17]과 노동자가 주인이 되는 세상을 만들자는 '뉴하모니 공동체 운동'[18]도 비슷한 시기에 일어났다.

하지만 이런 정치적이고 투쟁적인 방법인 아닌, 보다 실용적이고 실질적인 방법으로 비인간적인 자본주의 체제를 개선해보자는 운동으로 시작된 것이 바로 협동조합이었다. 지역의 자

---

16 19세기 초 네드 러드라는 인물이 주도한 기계 파괴 운동이다. 당시 새로 제작된 방직기가 노동자들의 일자리를 뺏을 것이라는 생각에, 이를 없애고 일자리를 지키자는 의미에서 대규모 기계 파괴 운동을 벌였다.

17 1838~1848년 영국의 노동자들이 주축이 되어 전개한 선거법 개정 운동이다. 6개의 요구조항을 담았다. 남성의 보통선거권, 균등한 선거구 설정, 비밀투표, 매년 선거, 의원의 보수 지급, 의원 출마자의 재산 자격제한 폐지 등이었다. 영국에서 사회적 불의에 대항해 일어난 최초의 전국적인 노동 계급 운동이었다.

18 자본가 발달함에 따라 노동자들의 생활은 더 힘들어졌는데, 이를 비판하는 초기 사회주의 사상의 대표적 인물은 영국의 로버트 오언이었다. 큰 방적공장의 주인이던 그는 노동자의 노동조건 개선이 필요하다고 생각했다. 노동조건은 생산력과 관계 있다고 보았기 때문이다. 그는 사회 전체적인 개혁이 필요하다는 생각으로 1825년 미국에 '뉴하모니'라는 이상적인 공동체를 만들었다. 처음 뉴하모니 공동체는 성공하는 듯 보였다. 그러나 구성원들 간에 갈등이 노출되면서 무질서와 혼란이 가중되어, 오언의 전 재산을 쏟아 부은 이 공동체는 실패로 끝났다.

조 모임 스타일로 시작된 협동조합의 대표적인 예는 스페인 바스크 지역의 몬드라곤 시의 신부 호세 마리아 아리스멘디가 1940년대에 시작한 생산자 협동조합이었다.

처음 신부 한 사람이 마을 사람들을 계몽하면서 시작된 몬드라곤 협동조합은 2010년 현재 자회사 260개와 직원 8만 4000명을 거느린 거대 기업 집단으로 성장했다.

연간 매출은 대략 22조 원 정도이고, 총 근로자 중 약 3만 5천여 명이 출자금을 낸 노동자 조합원, 즉 협동조합의 주인들이다. 다른 직원들도 점차 조합원으로 전환되어 가고 있다. 이들은 해외에 80여 개가 넘는 생산 공장도 갖고 있다. 단순히 기업의 크기가 커졌다는 것이 중요한 것이 아니고, 이 협동조합이 어떻게 성장해 갈 수 있었는가가 더 중요한 요소라 할 수 있다.

몬드라곤 협동조합의 외형만 봐서는 한국의 재벌 기업과 다르지 않지만, 회사의 근로자들이 주인이라는 점에서 큰 차이가 있다. 몬드라곤 협동조합의 성공을 통해 협동조합이 가지고 있는 의의를 돌아보는 것은 매우 의미 있는 일이 될 것이다.

몬드라곤 협동조합 운동의
역사와 성공

1941~1956년 사이는 몬드라곤 협동조합의 개척기라고 할 수 있다. 스페인의 작은 마을에서 장차 스페인 경제를 책임지는 거대 사회적 경제 주체가 탄생했다.

호세 마리아 신부가 15여 년의 오랜 기간 동안 마을 사람을 모아 놓고 교육·협의·논의하는 과정을 통해 마침내 많은 몬드라곤 시민들이 공동체 의식을 갖게 되었다. 그들이 필요성을 자각하고는 힘을 모아 탄생시킨 것이 1956년 몬드라곤 협동조합의 첫 번째 생산자 협동조합인 '울고'[19]였다. 이곳에는 기술자 5명, 노동자 약 10여 명이 참여했다. 이들 모두는 몬드라곤 시의 평범한 시민들이었다. 보통 몬드라곤 협동조합의 역사를 이야기할 때 바로 이 시점을 시작으로 보는 관점이 많다.

하지만 앞서 본 대로 울고는 시민들의 의지가 처음 형식을 갖추고 만들어진 조직으로서, 더 중요한 것은 이들이 행동으로

---

19 울고는 후일 파고르가 되었다. 울고는 공작 기계, 전자, 가전 세 부문으로 나누어 사업을 전개했다. 세탁기, 식기 세척기 등을 생산하는 가전 부문은 유럽 5대 가전업체에 들 정도로 규모가 상당했다.

옮길 수 있도록 이미 그전인 1941년부터 호세 마리아 신부의 헌신적인 노력이 있었다는 점이다. 지금도 협동조합의 운영을 이야기할 때, 조합원의 교육과 협의를 지나칠 정도로 강조한다. 그 이유는 바로 이렇게 한 사람의 의지가 아니라, 다수의 의지가 한 방향으로 모여져야 협동조합이 설립되고 성공적으로 운영될 수 있기 때문이다.

호세 마리아 신부는 스페인 내전에서 프랑코 군에 의해 완전히 폐허가 된 몬드라곤 교구에 비교적 젊은 나이에 부임했다. 그는 전쟁으로 망가진 이곳을 부흥시키기 위해 무엇을 해야 좋을지 고민한 끝에, 기술학교를 설립하여 지역의 젊은이들이 스스로 무엇인가를 할 수 있도록 돕기로 했다. 전쟁 후유증으로 의욕을 거의 잃은 지역 주민들을 위해서 축구 클럽을 만들어, 스포츠로 주민들의 마음을 위로함은 물론 공동체 의식도 갖게 했다. 후에 그는 일종의 복권인 스포츠 복권을 만들어 그 기금으로 마을을 재건하는 데 사용하기도 했다. 그의 이런 숨은 노력으로 그가 부임한 지 15년 후에 이곳에서 몬드라곤 협동조합의 출발을 알리는 울고가 탄생할 수 있었던 것이다.

1957~1990년까지는 몬드라곤 협동조합의 성장기라고 할 수 있다. 울고가 탄생한 후 1970년대까지는 미국을 비롯한 일본, 유럽 전체가 경제의 엄청난 고도성장을 맛보던 시기였다. 스페인의 내수시장은 물론 유럽 시장 전체가 급격히 커지면서, 몬드

라곤 협동조합 역시 순탄한 성장을 이룰 수 있게 되었다. 이 시기는 대부분의 서방 국가들이 그랬듯이, 이곳에서도 제조업이 성장의 주된 동력이었다. 세계적으로 수요는 넘쳐났고, 어느 정도의 제품력과 자금력으로 물건을 만들기만 하면 잘 팔리던 시기였다. 그런 점에서 보면 몬드라곤 협동조합의 경우는 세계적인 경기 호황 붐을 타고 성장했기 때문에 나름 운도 따랐다고 할 수 있다.

이들은 협동조합 운영에 필요한 자금을 원활하게 확보하기 위해 금고를 설립했다. 1957년 설립된 일명 '노동인민금고'가 그것이다. 지금도 협동조합의 성패를 논할 때 자금력 이야기가 심심치 않게 나온다. 몬드라곤 협동조합의 이 시도는 후일 다른 모든 협동조합들 역시 사업을 성공하기 위해서 꼭 가져야 할 가장 중요한 자금력을 확보했다는 점에서 시사하는 바가 크다. 현재 우리나라의 일반 협동조합이 금융업이나 보험업에 진출할 수 없도록 규제하고 있다는 것은 그런 점에서 치명적인 한계일 수 있다.

자금력 확보뿐 아니라 조합원인 노동자들의 노동 환경과 삶의 질을 보장하기 위해 독자적인 사회보장 협동조합도 설립했는데, '라군아로'가 그것이다. 우리 식으로 말하자면, 복지 사각지대에 있는 조합원들을 발굴하고 지원하기 위해 국가 사회보장 망에서 벗어나 있는 노동자들의 복지를 담당하는 자구책으로 만들어진 협동조합으로 볼 수 있다. 우리나라에서는 2010년

이 되어서야 겨우 국가적인 차원에서의 복지 사각지대 해결 논의가 이루어졌지만, 몬드라곤 협동조합에서는 국가 차원이 아닌 협동조합 스스로 복지 사각지대 문제를 해결하기 위해 이미 이 시기에 이런 노력들이 가시적인 성과로 나타났던 것이다. 라군아로에서는 몬드라곤 노동자 조합원들에게 의료, 산재, 고용, 연금 보험을 망라하는 종합적인 노동자 복지 서비스를 성공적으로 제공했다.

1990년대 이후 몬드라곤 협동조합은 금융, 제조, 유통, 기술 연구 등 4개 영역으로 나뉘어 있던 여러 기관들을 하나의 시스템으로 통합하여 몬드라곤 복합체(MCC)라는 거대 조직을 만들었다. 지역사회의 발전이라는 작은 목표를 가지고 시작한 다른 유럽 지역의 협동조합들과 달리, 몬드라곤 협동조합은 이렇게 다양한 기능과 역할을 수행하는 여러 전문 협동조합을 만들어 사업 영역을 확장하고, 이를 다른 협동조합들이 활용하면서, 금융과 창업, 연구개발, 사회복지 등 다양한 분야로 발전할 수 있었다.

대표적인 제조 협동조합인 '파고르'의 경우, 유럽 전역에 냉장고와 가전제품을 판매하고 있다. 이 협동조합의 기술 연구소는 NASA의 우주항공 사업 프로젝트를 함께 할 정도로 높은 수준이라고 알려졌다. 협동조합들의 금고 역할을 하고 있는 라군아로는 몬드라곤 협동조합 고객만을 상대하는 것이 아니라, 스페인 내에서 일반 금융기관으로서의 상당히 중요한 역할을 담당하고 있다. 스페인 전역에 지점을 갖춘 종합 은행으로 성장한 라군아로는 이후 일반인을 대상으로 하는 보험업에서 큰 성과를 거두기도 했다.

몬드라곤 협동조합 전체의 성장을 이끌어 낸 유통 전문 그룹 '에로스키'도 있다. 에로스키는 스페인 몬드라곤의 제품을 판매하기 위해 유통망을 스페인 전역, 유럽의 일부 지역으로 확대하여 공격적인 유통 영업을 했다. 또 인수 합병을 통해 여러 유통 채널을 소유하게 됨으로써 유통에서의 규모의 경제를 달성할 수 있었다. 또한 4년제 몬드라곤 대학교 설립을 통해 협동조합 정신을 계승함은 물론, 협동조합의 전략적 계열화를 통한 경쟁력 향상과 유능한 인재 양성에도 힘을 쏟고 있다. 현재 몬드라곤은 120개의 협동조합과 130여 개의 자회사가 있는 스페인 고용 순위 3위의 협동조합 그룹이 되었다.

2006년 몬드라곤의 여러 협동조합을 한꺼번에 묶은 '몬드라곤'이라는 이름의 협동조합 체제가 출범했다. 경쟁력도 확보하고 세계적인 불황도 맞서기 위해서라는 견해가 많다. 하지만 하나로 묶었다고는 하지만 개별 협동조합의 의사 결정권은 오히려 더 강화하여, 과도하게 중앙 집행 기구로 힘이 집중되는 것을 피하려는 노력도 했다. 이런 내부의 의사결정 과정은 민주주의의 가장 큰 장점이자 극복해야 할 과제로 여겨지는 효율과 분산, 집중과 다양성이라는 문제에 대하여 전향적으로 대처하기 위함이라는 생각이 든다.

덩치가 워낙 큰 협동조합이다 보니 세계화 과정에서 피치 못하게 다른 회사나 협동조합을 합병하거나 인수하는 일이 있다. 이런 과정 속에서 흡수 합병되는 회사의 사람들을 얼마나 협동조합의 일원으로 끌어들일 수 있을지는 여전히 미지수로 남아 있다. 하지만 한 가지 확실한 것은 몇 년째 계속되고 있는 미국을 비롯한 유럽의 경기 불황에도 불구하고 몬드라곤은 아직까지 큰 적자를 기록하지 않았다는 것이다.

몬드라곤의 돈줄을 잡고 있는 금융 부문도, 다른 기관들이 파생 상품 거래에 열을 올릴 때 일반적인 저축은행의 역할과 상호 금융의 역할에 충실했기 때문에, 미국 발 서브프라임 모기지 사태의 큰 파고를 잘 넘어갈 수 있었다. 물론 현재 스페인의 내수시장이 그 어느 때보다 힘든 상황이기 때문에 예전보다는 몬드라곤의 상황도 녹록치만은 않은 상태이다. 특히 협동조합의 근간이라 할 수 있는 유통 부문의 경우, 이런 국내외 상황에 어떻게 대처하게 될지 많은 사람들의 이목이 집중되고 있다. 몬드라곤이 이 어려운 상황을 잘 타개한다면, 아마도 미래의 협동조합이 가질 가능성과 파급 효과는 지금보다 훨씬 클 것으로 판단된다.

몬드라곤 협동조합이 주는 교훈은 성장 일변도의 기존 자본주의 경제 체제와는 달리 작은 것이라도 나누어 먹는 분배와 협동의 정신이다. 우리 식으로 보면 '콩 한 쪽도 나누어 먹는다'

는 원칙이 중요하게 받아들여지게 되었다는 것이다.

다음의 교훈은 협동조합 운동이 나름대로 사회 안전망 역할을 한다는 것이다. 국가에서 운영하는 사회보장 정책이나 민간의 사회보장 역시 이용하기 어려운 사각지대에 놓여 있는 사람들이 발생하기 마련이다. 하지만 몬드라곤의 경우처럼 독자적인 사회보장 역할을 하는 협동조합이 있어서, 그 사회에서 혜택을 보기 어려운 이들까지 끌어안아 준다면, 분명 이 사회의 안전망으로서의 역할을 톡톡히 할 수 있을 것이다.

조사에 따르면 2008년 리먼 브라더스 금융위기 이후 사회적 경제의 한 분야라 할 수 있는 사회적 기업이나 협동조합은 매출이나 고용 분야에서 크게 흔들리지 않았음을 볼 수 있다. 금융위기가 발생하자 전 세계의 유수한 은행들이 문을 닫거나 정부의 구제 금융을 받으며 연명하다시피 견디고 있었다. 하지만 협동조합 은행이나 신용 협동조합에서는 오히려 고객이 늘어난 것이다. 네덜란드 라보 뱅크의 경우 금융위기가 절정이던 2008년 수신고가 20%나 증가했고, 스위스의 라파이젠 은행은 조합원이 15만 명 늘면서 자국 내 은행 순위 4위로 껑충 뛰어 올랐다.

몬드라곤의 경우도 조합에서 번 잉여금을 일자리 유지에 사용하면서 한 명의 직원도 퇴출당하지 않았다. 유엔은 금융 부문에서 탁월한 안정성을 보인 협동조합을 극찬했다. 회복력이 뛰어나고 포용적인 금융 시스템을 위한 장기 해법으로 협동조합이 중요한 역할을 할 것이라고 평가한 것이다. 함께 벌고 함께 일하는 것만큼 이들은 위기 상황도 함께 극복하는 저력을 보여주었다. 협동조합이 현대 자본주의에 대해 던지는 시사점은, 바로 이렇게 모두가 함께하면 위기나 어려움을 효과적으로 극복할 수 있다는 일종의 두레정신을 보여주었다는 점이다.

한국의 협동조합

스페인의 몬드라곤 같은 거대한 대기업 협동조합의 탄생은 다른 지역에서는 어려울 것으로 보인다. 이 협동조합이 대기업으로 성장한 원인에는 1950년대 이후 지속된 유럽과 미국의 경제 약진이 있었고, 스페인의 내수시장 역시 고도성장을 기록하면서 전체적인 소비시장이 커졌기 때문이다. 선진국들의 저성장 기조와 제조업의 숨가쁜 성장이 멈춘 지금의 세계 경제 구조에서는 스페인 몬드라곤의 경우보다는 프랑스나 이탈리아에서와 같이, 그리 많지 않은 사람들이 참여하는 20~30명 내외의 슬림형 협동조합들이 더 유지, 발전하는 데 바람직하지 않을까 한다. 물론 몬드라곤의 경우처럼 고용을 창출하며 신기술을 산업에 접목하고, 협동조합 스스로 금융 분야에서도 큰 성장을 하게 된다면, 한국에도 이와 같이 큰 기업형 협동조합이 나오지 말라는 법은 없다. 다만 현재의 고도화되고 산업화가 진전된 경제 구조에서 이 같은 신생 협동조합의 거대 기업화는 극히 어려울 것이다.

우리나라에서는 지난 2011년 12월 말 '협동조합 기본법'이 국회를 통과하면서 발효되었다. 우리 정부도 새로운 경제 성장의 동력으로 협동조합의 역할이 중요하다는 판단 하에 가장 민생 친화적인 본 법을 만들게 되었다. 이미 발효 중이던 협동조합법과 비슷한 여타 관련 규정들이 혼재되어 있던 민법, 상법 등의 규정들과 조율하며 만드는 과정에서, 이 법은 제7장 제119조라는 적지 않은 분량의 다소 딱딱한 법이 되었다. 하지만 법의 발효 이후부터 마치 기다렸다는 듯이 여러 지역에서 협동조합 기업의 창업과 협동조합으로의 전환이 붐을 이루게 되었다.

그야말로 서민 경제의 든든한 버팀목으로서 협동조합이 역할하기 바라는 많은 사람들의 염원이 이루어진 셈이다.

그러나 우리나라의 '협동조합 기본법'은 처음부터 아쉬운 점들이 눈에 띄는 것도 사실이다. 2013년의 자료를 보면, 법 제정 이후 3천 개의 협동조합이 설립되었는데, 이 중 70%가 이미 사라진 것으로 나타나고 있다. 많은 사람들이 기대를 안고 협동조합 사업에 뛰어 들었다가, 시장경제의 높은 진입 장벽에 막혀 좌절한 것이라는 분석이다. 현재 우리나라에는 8개 개별법으로 규정된 협동조합들[20]이 있다.

그리고 잘 아는 대로, 지역에 있는 대부분의 농민들은 농협의 조합원이다. 농협은 지역 농산물을 공동 판매하고 농민들의

---

20 이들 8개 협동조합 개별법은 농업협동조합법·수산업협동조합법·산림조합법·신용협동조합법·새마을금고법·중소기업협동조합법·엽연초생산협동조합법·소비자생활협동조합법을 말한다.

금융 창구 역할을 하는 등의 기능을 한다. 그런 까닭에 지역 농협은 비영리 법인으로 인정받아 법인세 등 세금을 감면 받는다. 하지만 같은 지역에 사는 농민들이 스스로 공동 판매를 위하여 일반 협동조합을 설립할 경우, 영리를 목적으로 하는 법인으로 간주되어 다른 주식회사들처럼 세금을 내야 한다. 일반 협동조합은 영리 사업체로 간주되지만, 농협 등 개별법으로 규정되어 설립된 협동조합은 비영리 법인으로 인정되는 것이다.

그 이유는 바로 앞서 살펴본 개별법이 설립의 근거가 되기 때문이다. 농협이나 산림조합은 해당 개별법에 근거해 만들어졌고, 농민들이 스스로 만든 협동조합은 협동조합 기본법에 근거해 만들어진 일반 협동조합인 것이다. 근거 법이 다르기 때문에 혜택도, 관리하는 부서도 다르다. 이 부분은 '협동조합 기본법' 제정 초기부터 제기된 문제인데, 아직까지 명쾌한 해답을 찾지 못하고 있다.

또한 현재 국내법에 따르면, 소비자생활 협동조합이 조합원이 아닌 일반인을 상대로 판매 사업을 하면 불법이다. 한국을 방문한 이탈리아의 협동조합 레가쿱 에밀리아로마냐의 몬티 회장도 이 부분이 놀랍다고 이야기했다. 이탈리아에는 이런 법도 없지만, 그런 규제가 있다 해도 절대 따르지 않을 것이라고 말했다. 세계적으로도 이와 같은 규정을 적용하고 있는 나라는 우리나라 외에는 없을 정도로 매우 이례적인 것이다. 국내의 개별법에 의해 설립된 협동조합들은 조합원의 이용에 지장이 없는 범위에서 일반인 상대의 사업을 허용하고 있지만, 소비자 생활 협동조합을 협동조합 기본법이 아닌 생협법을 근거로 하여 만들 경우, 비조합원 대상 사업을 할 수 없게 만들었다는 것은 사업 확장을 위해서나 효율적인 마케팅을 위해서나 불합리한 측면이 있다.

신생 협동조합이 사업하기 위해서는 당연히 많은 자금을 필요로 한다. 설립 후 일정 기간이 지난 협동조합의 경우는 어느 정도 사업을 하면서 쌓인 자산을 이용하여 여러 사업을 벌이면 된다. 하지만 새로 설립된 협동조합은 축적된 자산이 없기 때문에, 사업을 제대로 벌이기 위해서는 다른 곳으로부터 사업 자금을 조달해야 하는 경우가 빈번히 발생한다. 이런 상황은 일반 주식회사의 경우와 같은 것이라고 보면 된다. 일본에서는 생활 협동조합들이 조합채를 발행하여 조합원들이나 외부로부터 자금 조달을 하는 경우가 많다. 이것은 우리나라 회사들이 같은 이유로 회사채를 발행하는 것과 크게 다르지 않다. 미국과 영국의 경우도 조합원 채권을 발행해 자금을 운용하고 있으며, 스페인의 몬드라곤 역시 큰 규모의 채권을 발행하여 사업에 활용하며 규모를 키워 왔다.

그러나 한국의 협동조합 기본법과 생협법에 의해 설립된 협동조합은 '출자금' 외에 다른 자금 조달 수단이 없다. 물론 국내의 개별법에 의해 만들어진 농협과 신협 같은 경우는 출자금만이 아니라, 채권 발행은 물론 다양한 조합원과 비조합원을 대상으로 하는 투자 제도 등을 통해 자금을 조달하고 있다. 즉 몬드라곤의 경우처럼 이들은 편리하게 언제든 금융 시스템을 이용한 사업 확장을 할 수 있는 것이다. 사업자금을 구하는 것이 이렇게 어려운 상황이라면, 일반 협동조합들이 과연 얼마나 효과적이고 효율적으로 사업을 할 수 있을지 의문이 든다.

정부의 실태 조사에 따르면, 일반 협동조합들의 가장 큰 애로사항은 바로 자금 조달이었다고 한다. 현행 협동조합 기본법은 일반 협동조합들이 금융이나 보험 사업 하는 것을 금지하고 있는데, 이것은 금융 당국의 견제와 우려가 컸기 때문이다. 하지만 중소기업은행이나 산업은행처럼 협동조합을 위한 특수 은행도 없는 현실에서 조합원 간의 상호 금융도 할 수 없도록 규제하고, 일반 금융 기관에서 대출 받는 것도 어렵고, 신용 대출은 아예 받기도 어려운 상황이라면, 과연 일반 협동조합들은 사업에 필요한 자금을 어떻게 조달할 것이며, 사업을 제대로 확장할 수는 있을지 답답할 따름이다. 그래서 사람들 사이에서는 몬드라곤의 경우처럼 아예 협동조합 스스로 힘을 키워 직접 협동조합을 돕는 협동조합 금융을 만들어야 하는 것은 아닌가 하는 말들이 나오고 있다.

그래도 일반 협동조합이 우리 사회적 경제의 희망이자 발전의 씨앗인 것은 맞다. 전체적으로 보면 발전적인 방향으로 가고 있다는 평가도 받을 수 있다. 법적, 제도적 지원이 없어서 여러 가지로 부족하고 열악하다는 것은 앞으로 해결해야 할 숙제이지만, 일반 서민들이 힘을 모으고 서로의 경제력을 합쳐 시장 경제의 높은 파도를 넘을 수 있도록 해준다는 점에서 분명 긍정적인 역할이 있다.

대부분의 협동조합은 지역적인 뿌리를 두고 있는 경우가 많은데, 이것도 사회적 경제라는 의미에서 볼 때 매우 중요한 점이다. 그 지역의 공동체와 인맥, 지역 경제 등과 긴밀하게 연결되는 경우가 많아, 돈과 이득만 취하고 해당 지역을 떠나는 대기업이나 다국적 기업과는 근본적으로 지역을 보는 시각이 다를 수밖에 없다. 협동조합은 특히 일반 조합원에 대한 교육을 필수로 하고 있기 때문에, 해당 지역에서 사회적 경제를 뿌리내리기 위한 학원의 역할도 하고 있다. 모든 조합원이 평등하다는 협동조합 정신은 지역 공동체의 구성과 비슷하기 때문에, 지역 주민들 역시 협동조합의 정신과 역할, 기능을 통해 사회적 경제의 순기능을 접하고 익힐 수 있다.

또한 지역적으로 잘 밀착되어 있는 협동조합은 해당 지역의 공익을 위한 사업을 공동체 주민들과 함께 수행하는 공익 법인으로서의 역할도 할 수 있다. 마을에 필요한 공동의 목적을 위한 시설을 만들거나 함께 사용할 수 있는 공익성을 띤 인프라를 조성할 때도, 지역에 뿌리를 두고 있는 협동조합의 경우 손쉽게 주민들과 힘을 합칠 수 있다.

아직까지 우리에겐 조금 낯선 공동 투자와 동등한 의사결정이라는 협동조합 제도를 이해하기 위해 신규 조합원을 위한 교육이 매우 중요하다. 돈과 이익만을 추구하는 것이 아니라, 사람과 사람이 함께 일하고 공동의 선을 추구한다는 협동조합의 기본 정신에 다가갈수록 협동조합의 진가는 새롭게 드러나게 되고, 이를 이용하고자 하는 사람들도 늘어날 것이다.

그리고 협동조합을 통해 사회적 경제의 또 하나의 자산이라 할 수 있는 사회적 자본의 축적도 가능하다. 사회적 자본이란 인적·물적 자본에 대응되는 개념이다. 이는 '사회 구성원의 공동 문제해결을 위한 참여 조건 또는 특성' 혹은 '공동 이익을 위한 상호 조정 과정과 협력을 촉진하는 사회적 조직의 특성'으로 정의할 수 있다.[21]

다소 추상적인 이 개념은 아직 학자들 사이에서 의견이 분분한 이론이다. 쉽게 말하면 사회적 자본은 사회적 경제 활동을 통해 축적될 수 있는 그 사회적 조직의 공동적인 신뢰, 규범, 믿음, 상호 호혜 같은 끈끈하게 유지되는 조직 내 사람 간의 유기적인 요소라고 할 수 있다. 협동조합은 사람이 모여 만들어지는 사업체이기 때문에, 자본이 모인 시장 경제의 주식회사보다는 더욱 인적 구성이 중요하다는 면에서, 사회적 자본의 축적에 더 용이한 조직이 될 것으로 보인다. 사회적 자본의 축적은 사회적 경제의 발전에 밑거름이 되기 때문에, 결국 그 공동체 전체가 잘살 수 있는 토대가 된다. 협동조합 사업이 발전되면서, 일반적인 자본 축적 이외에 사회적 자본도 축적된다는 생각은 미래 사회적 경제 발전 차원에서 매우 중요한 요소이다.

---

21   〈온라인 행정학사전〉 인용

하지만 협동조합도 기업이다. 따라서 가장 중요한 것은 이익이 나야 하고, 자생해야 한다는 것이다. 몇 년 되지 않은 우리나라의 협동조합 역사를 볼 때, 그래도 사업에 유리하다고 볼 수 있는 분야는 공동 의료, 육아, 이·미용 서비스, 친환경 농축식품 등의 분야라고 할 수 있다. 해당 사업의 특징상 조합원들이 비슷한 일을 하는 사업자들이기 때문에 쉽게 결집된다는 장점이 있다. 또한 조합원들이 각각 사업자인 경우에는 별도의 협동조합 사무실을 운영하거나 직원을 두지 않아도 되기 때문에, 협동조합 운영에 따르는 비용을 절감할 수 있다. 향후 이런 분야 외에도 마을버스나 택시 같은 운수 분야와 택배, 유통 등의 분야에도 성공적인 협동조합들이 나올 수 있을 것이라 예상된다. 다만 협동조합을 운영하는 방식이 민주적이기 때문에, 일인 오너 방식의 일반 기업들보다 의사결정 속도가 느리고 전문적인 경영인을 두기 어렵다는 점, 지역을 넘어 다른 지역의 협동조합들과 어떻게 연합할 것인가의 문제, 대기업과의 경쟁 등 아직도 넘어야 할 산들도 많이 있다.

앞서 본 산업 분야들도 그렇지만, 시장에서 이미 대기업에 의해 잠식당했거나 경쟁력을 잃어버린 분야들은 스스로 협동조합으로 변신을 꾀하지 않을 경우, 생존을 위한 다른 방법이 거의 없어 보인다. 동네 빵집이나 전통 재래시장, 구멍가게라 불리던 소규모 판매 점포와 영세 음식점, 세탁소, 문구점 등은 대표적으로 서민들이 많이 진출하여 영업하는 분야였지만, 과당경쟁과 규모의 경제 논리에 밀려 설 땅을 점점 잃어 가고 있다.

이런 업종에서 특히 협동조합 설립을 통한 활로 모색이 필요할 것으로 보인다.

물론 단순히 작고 영세한 규모의 사업 분야 외에도 사회복지 서비스 제공 기관이나 다양한 사회 프로그램을 운영할 수 있는 서비스 기관 같은 전문적인 분야에서도 협동조합의 진가는 발휘될 수 있을 것이다. 최근 여러 지자체에서는 협동조합의 운영을 장려하기 위하여 지역 주민들이 함께 참여하는 여러 가지 문화, 예술 프로그램들도 개발하고 있다. 작은 도서관과 영화관, 커뮤니티 카페, 미술관 같은 것이 그 예이다. 아파트 지역을 중심으로 민주적인 경영을 하는 다양한 사업들도 선보이고 있다. 비록 시작은 여러 사람이 함께 생각하고 뭉쳐야 하기 때문에 시간이 좀 걸리지만, 협동조합의 가장 큰 장점인 함께하는 민주적인 운영이 곳곳에서 뿌리 내리고 있다.

경제 위기 시에 나타난
협동조합의 장점

많은 사람들이 'FC 바르셀로나'라는 축구단을 알고 있을 것이다. '바르사'라는 애칭으로도 불리는 이 구단은 유명한 아르헨티나 출신 리오넬 메시가 뛰고 있는 스페인의 명문 프로 축구단이다. 그러나 이 축구단이 협동조합이라는 사실을 아는 사람은 많지 않다. FC 바르셀로나는 조합원 20여만 명을 자랑하는 유수의 협동조합이다. 홈 구장의 축구 박물관 입구에는 '바르사의 주인은 조합원'이라는 문구가 적혀 있다. 회비인 150유로[22]만 지불하면 누구나 이 명문 클럽의 조합원이 될 수 있다. 더욱 놀라운 것은 18세 이상의 나이로 1년 넘게 조합원으로 활동한 사람은 이사회에도 참가할 수 있고, 6년마다 열리는 클럽 회장 선거에서 1표를 행사할 수 있다는 것이다. 작은 노력만으로도 세계적인 명성의 축구 클럽 주인이 되는 것이다.

당연히 바르사의 조합원들은 자신들의 클럽 경기가 있는 날

---

22   한화 약 195,000원

이면, 다른 일반 시민들보다 열광적으로 경기를 보기 위해 경기장으로 모여든다. 세계적으로 축구 경기 관람요금이 비싸기로 유명한 곳이 유럽이지만, 불경기로 인해 표가 안 팔리지 않을까 하는 걱정을 할 필요가 없다. FC 바르셀로나는 이렇게 축구단을 운영하면서 생긴 이익을 그대로 조합원들에게 배당하지 않고 모아 두었다가, 유소년 축구 클럽을 양성하거나 소외된 지역에 축구 연습장을 건설하는 등, 여러 필요한 인프라 구축에 그 잉여금을 사용한다.

2008년 세계 경제 위기 상황에서도 유럽의 협동조합들은 오히려 더 성장하는 모습을 보여주었다. 그래서 당시 유럽에서는 경제 주체가 일반 사기업에서 협동조합으로 넘어오고 있다는 낙관적인 시각들도 있었다. 세계 경제가 흔들리는 위태로운 시절, 유럽에는 1억 6천만 명의 조합원과 약 27만 개의 협동조합이 활발하게 활동하고 있었고, 여기서 약 540만 개의 일자리를 만들어 내고 있었기 때문이다. 유럽에서 협동조합은 규모 면에서 대기업과 어깨를 나란히할 정도의 규모로 성장했음을 볼 수 있다.

EACB(유럽 협동조합 연합)의 자료에 따르면, 금융위기 이후 유럽의 금융 협동조합들의 시장 점유율은 비슷하거나 오히려 상승했음을 알 수 있다.

그림 금융위기 이후 유럽의 협동조합 은행 분표(상위 그룹)

국가	연도	자산 (10억 유로)	예금 시장점유율(%)	대출금 시장점유율(%)	고객수 (백만 명)
프랑스	2007	2443	53	45	67.0
	2010	2671	45[48]	46	91[49]
네덜란드	2007	571	41	28	9.0
	2010	653	40	29	10
오스트리아	2007	331	36	31	5.1
	2010	320	37	33	5.1
이탈리아	2007	560	34	30	14.3
	2010	662	34	32	15.3
핀란드	2007	66	32	31	4.1
	2010	84	33	33	4.1
독일	2007	995	18	16	30.0
	2010	1020	19	17	30
키프로스	2007	9.7[50]	20	22	0.6
	2010	20	19	20	0.7
룩셈브루크	2007	4.1	10	10	0.1
	2010	5.9	11	11	0.1

특히 네덜란드의 라보 뱅크는 금융위기가 한창이던 2008년에 예금이 오히려 20% 증가한 것으로 나타났고, 스위스의 라파이젠 은행 역시 조합원이 15만 명이나 더 늘어나, 자국 내 은행 규모 순위 4위로 도약하기도 했다.

이렇게 협동조합들이 경제 위기 상황에서 오히려 더 성장하거나 시장을 굳건히 지킬 수 있었던 이유는 무엇일까? 여러 가지 이유가 있겠지만 역시 가장 중요한 것은, 협동조합의 주인은 자본이 아니라 사람이라는 점이다. 협동조합은 이익이 날 경우 일반 주식회사와 달리 일정 부분 협동조합 안에 적립하는 방식으로 운영된다. 그 이유는 협동조합의 특징상 조합을 많이 이용하거나 조합에서 운영하는 사업에 참여하는 사람들에게 이익이 먼저 돌아가게 하고, 일정 부분은 반드시 적립해 놓아야 하기 때문이다.

바로 이 부분에 협동조합의 강점이 있다고 볼 수 있다. 경기가 어려워도 조합원들은 자신들이 주인인 협동조합을 더 열심히 이용하게 되고, 이들이 이용하면서 거둬들인 이익 잉여금을 다시 조합 내에 쌓아 두기 때문에, 협동조합은 불경기도 견딜 수 있는 구매자와 체력을 갖추게 된다.

일본의 유명한 협동조합 연구자인 구리모토 아키라[23]는 〈한겨레신문〉과의 인터뷰에서 "2008년의 세계 금융위기 이후, 세계가 협동조합의 복원력이 상당히 좋다는 점에 주목하고 있다"는 말을 했다.

전 세계와 일본 경제에 직격탄이 되었던 금융위기 상황 때, 일본의 협동조합들 역시 쉽지 않은 경제 상황으로 고전했다. 하지만 그는 일본 국민들은 일인 체제의 기존 주식회사들이 다소 위험해 보이는 투자임을 알면서도, 눈앞의 이익에만 몰두하여 주주나 소비자들의 위험은 아랑곳하지 않는 무책임한 모습을 보면서 많은 회의를 느끼고 있다고 했다. 다소 의사결정이 늦더라도, 많은 이해 관계자들이 함께 참여하는 민주적인 의사결정 과정에 대한 신뢰가 쌓이고 있다는 것이다. 실제 일본 사

---

23 '구리모토 아키라'는 일본생협총합연구소 주임연구원이자 전 ICA조사연구위원장이며 JCCU 국제부장을 역임했다.

람들은 금융위기 이후 일반 상업은행보다 협동조합에서 운영하는 은행들로 예금을 옮기고 있다고 했다.

이런 현상은 비단 일본의 경우에만 국한되지 않는다. 지난 2013년 서울시에서 주최하는 '국제 사회적 경제포럼'에 참석한 이탈리아 볼로냐 시의 메롤라 시장은 '새로운 사회를 여는 연구원' 정태인 원장과의 대담에서 "실업률을 낮추는 데 협동조합의 역할이 컸다"고 이야기했다. 이탈리아에서도 부유한 시 중에 하나인 볼로냐는 도시 내 기업 10개 중 6개가 협동조합일 정도로 협동조합이 많은 도시이다. 인구 40만의 시에서 2만 1천 명이 조합원일 정도로 협동조합에 직접적으로 참여하는 사람도 많다. 그래서인지 소득도 3만 1천 유로로, 유럽의 여러 도시 중 10위권에 해당될 정도로 잘사는 도시이고 행복지수도 높은 편이다.

메롤라 시장은 앞서 살펴본 협동조합들의 협동과 단합을 경제 위기를 넘는 주요한 원인으로 꼽았다. 아무리 경기 상황이 어렵더라도, 협동조합들이 서로의 영역을 지키면서 다른 협동조합의 영업을 도와준다면, 도시 자체가 거대한 시장이자 소비자가 되어 협동조합들의 매출이 줄어들지 않는다는 것이다.

그가 지적한 협동조합의 활성화 방안에는 지역 정부의 역할도 나온다. "될 수 있는 대로 적게 개입하고 더 많이 지원하라!"는 것이었다. 협동조합은 시민들의 자발적인 참여와 협조가 가장 중요

나만 잘사는 자본주의에서 함께 잘 사는 사회적 경제로

한 성공의 원동력이기 때문에, 이를 위한 지원을 하되 직접적인 관여와 개입은 최소한으로 해야 자생력을 갖춘 협동조합으로 성장할 수 있다는 뜻이다.

실제 협동조합들이 실패하는 원인 중에 주요한 것이 바로 조합원들의 저조한 참여와 협조의 부재라 할 수 있다. 몬드라곤의 경우처럼 협동조합의 설립 이전에 많은 시간을 할애해 조합원으로 활동하게 될 사람들에게 사업참여와 협조를 교육하고 강조해도, 실제 조합을 경영하게 되면 수시로 조합원들의 이탈과 비협조가 발생할 수 있다. 그러나 대부분의 협동조합들은 일반 사기업처럼 매출이나 영업 이익만 쫓지는 않는다. 따라서 시간을 두고 서로 대화와 교육을 통해 갈등과 소통의 부재를 얼마든지 극복할 수 있다고 본다. 외부의 지나친 간섭과 관여가 오히려 협동조합의 위기를 자초하는 경우가 많다. 메롤라 시장의 말대로 이탈리아에서도 한 개인의 소유자가 아닌 조합원 모두가 주인인 협동조합이 민주적인 절차와 협동의 정신으로 경제 위기 상황을 슬기롭게 극복했음을 알 수 있다.

또한 협동조합은 노사 관계의 긴장 해소에도 도움이 되는 것으로 알려지고 있다. 극한 노사 대립의 폐해는 따로 말하지 않아도 얼마나 지역 경제에 큰 타격을 주는지 많은 사람들이 알고 있다. 특히 경제 위기 상황에서 일반 사기업의 주주들은 회사 운영에서 가장 큰 비용 부분을 인건비로 생각하는 경향이 있다. 가장 큰 비중을 차지하는 비용이지만, 가장 쉽게 줄일 수 있는 비용이 인건비라고 생각한다. 그래서 쉽게 근로자들을 해고하여 그 비용을 줄이고자 한다. 근로자를 함께 가는 동반자로 보지 않을 경우 노사 간의 근본적인 문제해결은 요원할 수밖에 없고, 극한 대립 상황도 종종 연출될 수 있다. 그래서 아무리 노동조합이 잘 운영되고 있는 기업이라 할지라도, 노사가 함께 기업을 경영하는 동반자라는 생각을 하지 않는다면, 언제든지 노사는 극한 대립의 소용돌이로 빠질 수 있는 불씨가 남아 있는 것이다. 이런 점에서 모두가 경영의 주체이자 주인이라는 생각으로 뭉쳐 있고, 동등한 민주적 의사결정 체제를 갖춘 협동조합의 정신은 노사 간의 긴장 완화에 큰 도움이 될 것임에 틀림없다.

협동조합의 한계

협동조합은 여러 가지 장점을 가지고 있지만, 또한 내재적인 한계도 가지고 있다. 사실 완벽한 조직이라는 것은 존재할 수 없기 때문에 당연한 일인지도 모른다. 어떤 면에서 보면, 협동조합의 장점이 오히려 단점이 되는 경우도 있다.

예를 들면 협동조합은 1인 1표라는 민주적인 집단 의사결정을 가장 중요하게 생각하고, 이를 통해 결정된 사안에 대하여 개인적인 반대를 하는 것이 쉽지 않다.

경영상의 이유로만 놓고 보면 전문가인 경영자와 일반 조합원들과 의사결정 과정에서 마찰이 발생할 경우, 전문가인 경영자보다 일반 조합원들의 의사결정이 더 중요하게 작용한다. 그렇기 때문에 기업 운영이 엉뚱한 방향으로 갈 수 있다. 민주적인 의사결정이라는 가장 큰 장점은 시장경제라는 극한의 경쟁 세상에서 자칫 적기를 놓치거나 잘못된 판단으로 이어져 큰 손해를 볼 수 있게 만들 수도 있는 것이다.

물론 이런 그릇된 판단을 하지 않도록 신중한 의사결정 과정뿐 아니라 빠른 판단이 이루어질 수 있게 협동조합 스스로 제도적인 보완책을 내놓는 경우도 있다. 그러나 아무래도 일반 기업들보다 전문가적인 판단이 부족하거나 의사결정 자체가 느릴 수밖에 없다는 단점을 피하기 어렵다. 그래서 협동조합을 운영하는 운영진이 되면, 일반 회사에서의 생각을 버리고 느림과 협동의 미학을 배워야 살 수 있다는 말도 있다. 임원들만 결정하면 되는 일반 회사에서 일했던 사람이라면, 협동조합의 전문 경영인은 여러 면에서 많은 차이가 난다고 느끼게 될 수밖에 없다.

그리고 협동조합은 조합원들이 일정 부분 책임을 지고 반드시 조합의 시설이나 사업을 이용해야 한다는 정관 규정을 가지고 있다. 같은 의지를 가지고 협동조합을 설립했고, 그 운영에 적극적으로 참여하기 위해 조합원이 되었으니 당연한 일이지만, 이 부분도 개인의 의사결정이나 취향과는 무관하게 약간의 강제성을 띠게 된다. 물론 조합원이 그런 조합의 사업이나 시설을 이용하기 싫다면, 조합을 떠나면 될지 모른다. 하지만 그런 극단적인 결정을 하지 않을 거라면, 협동조합의 정관대로 원하든 원하지 않든 조합에서 하는 사업에 참여해야만 한다. 물론 회원 총회나 다른 회의 자리에서 자신의 목소리를 낼 수 있는 기회를 통해 조합 사업 자체를 바꾸자고 요구할 수도 있을 것이다. 하지만 현실적으로 조합원이 많아지게 되면 일부 개인의 의견이나 취향은 무시될 수밖에 없어, 조합원이 오히려 조합을 터부시하는 경우도 생길 수 있다.

이와 같은 부정적인 면을 최소화하기 위해서는 조합원들에 대한 지속적인 교육과 홍보가 필수이다. 왜 조합이 설립되었는지, 왜 우리가 조합을 키워야 하는지 늘 머릿속에 숙지되어 있어야 한다는 것이다.

협동조합은 한 사람이 일방적으로 지분 모두를 출자할 수 없다. 출자 비율에 제한이 있다. 민주적으로 많은 사람들이 조합원이 되어 평등한 관계를 유지하기 위해 꼭 필요한 제도이지만, 이 부분이 역시 대규모 자본금 유치에 걸림돌이 되는 단점으로 작용할 수 있다. 우리나라의 경우 한 사람이 전체 출자금의 30% 이상을 투자할 수 없다. 물론 30%를 투자한 사람이나 1%를 투자한 사람이나 의사결정 시 투표권은 모두 한 개뿐이다. 만일 누군가가 다른 조합원들보다 많은 자금을 투자한다고 가정할 경우, 당연히 의사결정 과정에서 본인의 의견이 더 비중 있게 반영되기를 바랄 수 있다. 하지만 출자금과 관계없이 모두가 평등하게 의사결정을 한다면, 굳이 많은 출자금을 낼 이유가 없어진다. 협동조합의 의사결정 과정은 매우 민주적인 절차임에는 틀림없지만, 선한 의지의 독지가를 만나지 않는 이상 큰 자금을 유치하기는 어려울 수 있다.

많은 규모의 자본금을 유치하는 문제는 협동조합을 설립할 당시 아주 많은 신규 조합원들이 출자에 가담한다면 해결할 수도 있다. 하지만 대부분의 협동조합들은 초기 설립 단계에서 많은 조합원을 모을 만한 유인을 가지지 못한다. 그렇기 때문에 출자금 부족으로 개업과 동시에 자금난에 시달리는 경우가 빈번하다. 현실적으로 이제 막 사업을 시작한 신생 기업에 많은 사람이 출자하겠다고 오는 경우는 드물기 때문에, 협동조합은 만성적인 자금난에 시달릴 가능성이 높다.

협동조합원은 언제든지 자신이 출자한 금액을 찾아서 조합을 탈퇴할 수 있다. 따라서 조합원 간의 작은 갈등으로도 협동조합의 출자금 규모는 쉽게 흔들릴 수 있다. 사실 설립 당시 자본금을 유치하지 못하는 애로사항보다, 실제 협동조합의 운영에서 조합원 간의 갈등으로 인한 자본금 이탈이라는 어려움을 더 많이 겪게 된다는 것이 사례로도 나타난다. 조합을 운영하는 전문 경영인의 입장에서 볼 때, 안정적인 자본 확보가 어렵기 때문에 공격적인 경영을 하거나 신기술을 개발하는 등, 성공이 불투명한 투자는 꺼리는 소극적인 자세를 가질 수 있다.

몬드라곤 협동조합의 경우에도 초기 사업 성장에 자금 확보가 무척 큰 역할을 한 것을 알 수 있다. 자본금의 확보는 사업의 성패와 직결되는 문제이기 때문에 협동조합이 성장하는 데 매우 중요한 요소이다. 향후 우리나라의 협동조합들의 지속적인 성장을 위하여 이 부분을 해결할 수 있는 지혜가 필요하다. 출자금의 한계를 극복하기 위해 우리나라 일반 협동조합도 하루 속히 스스로 금융 분야에 진출하여 자금을 동원할 수 있도록 길을 열어 주어야 할 것이다.

지난 2013년 10월 우리는 협동조합 성공의 기본 모델과도 같은 몬드라곤의 전자 관련 협동조합인 '파고르'의 파산 소식을 들었다. 그렇게 잘나간다던 이 회사가 왜 갑자기 파산했을까? 파고르 전자는 보다 효율적인 생산과 세계적인 경쟁력 강화라는 목표로 전 세계에 글로벌 생산 기지를 구축했다. 프랑스의 가전업체를 인수하고 중국과 폴란드, 모로코 등 저임금 생산직 근로자 고용이 가능한 지역에 공장을 세우는 등, 세계화 전략에 박차를 가한 것이다. 그러나 유럽 시장에서 우리나라의 LG나 중국의 HAIER 같은 아시아 기업들과의 경쟁에서 매우 고전했고, 2000년대 후반 그리스와 스페인 등 남유럽에 경제 위기가 불어 닥치며 매출이 급감했다. 이것이 파고르 전자 파산의 원인이 되었다.

이탈리아 볼로냐 대학의 베라 자마니 교수는 파고르 전자가 파산한 이유를 "협동조합으로 경영하지 않았기 때문"이라고 했다. 파고르 전자 종사자 5,600여 명 중 조합원은 2,000명으로, 절반 이상인 3,600명이 근무하는 해외 공장에서는 몬드라곤 식의 협동조합 경영 방식이 반영되지 않았고, 일반 다국적 기업처럼 운영되었다는 것이다. 그들의 공장이 있는 외국에서 파고르 는 일반 자본주의 기업과 다를 바가 없었다.

파고르의 파산이 LG 때문이라는 말도 나왔지만, 이 말이 농담으로만 들리지 않는 것은 협동조합도 자본주의적 경쟁에서 자유로울 수 없기 때문이다.

협동조합 운영에서 부족하다고 자주 거론되는 것은 자금과 함께 성공적인 사업 모델의 부재이다. 즉 일반적인 기업들처럼 이익을 내기 위해 조합을 운영하거나 일반 기업의 사업 방식을 맹목적으로 따라가는 모습이 자주 나타난다. 그런가 하면 조합원이나 지역 내에서 조합 운영에 도움을 달라고 감정에 호소하며 매달리는 일에만 집중할 뿐, 아예 경쟁력 있는 사업 계획이 없는 협동조합도 있다. 사업 계획을 세우거나 시행하는 과정에서 파고르 전자처럼 협동조합의 장점을 버리고 일반 자본주의 기업들처럼 행동하다가, 경쟁력도 명분도 잃는 경우가 종종 발생하는 것이다. 만일 파고르 전자가 막대한 이익이 발생될 것이라 예상되는 유럽의 가전 시장에서 시장 점유율로 승리하겠다는 방식이 아니라, 협동조합으로서 조합원과 유럽 사람들 모두가 상생할 수 있는 사업 계획은 무엇일까 고민했더라면, 이렇게 허망하게 파산하지 않았을지도 모른다.

우리나라의 경우도 협동조합들이 일반 시장경제 분야 기업들에 비해 전문성이 떨어지는 것이 종종 문제로 지적되고 있다. 대부분의 협동조합들은 작은 아이템의 소매나 서비스, 지역적 영업을 하는 로컬 영업 활동을 하고 있다. 태생적으로 서민들이 협동조합 창업에 많이 매달리기 때문에, 전문적인 기술과 유통, 사업 아이템으로 사업을 시작하는 경우가 많지 않다. 이렇게 허약한 체질로 사업을 하다 보면, 적절한 시기에 외부 지원을 받지 못할 경우 자생력을 확보하지 못하고 문을 닫게 될 가능성이 매우 높다. 그래서 우리나라에서는 특히 정부나 지자체의 도움이 협동조합에 아주 큰 성공 요소가 된다는 말들을 한다.

물론 무작정 지원을 하기보다는 체계적이고 전문적인 지원 센터나 교육을 통한 지원이 절실하고 효과적이다. 그리고 처음 협동조합을 만들 때부터 법적인 부분과 제도적인 부분, 시장 경제의 상황과 마케팅 등, 이들이 성공적인 사업을 할 수 있도록 인큐베이팅 해주는 노력이 무척 중요하다. 사실 우리 현실은 협동조합을 만드는 일에 더 많은 노력과 행정력을 집중할 뿐, 이들이 성공적으로 자생력을 갖고 살아남을 수 있도록 도와주는 일에는 조금 등한시하고 있는 것이다.

개인적인 생각으로는, 여러 행정적인 지원이 성과를 내기 위해서는 협동조합을 시작하는 창업 단계에서 어느 정도 시간을 두고 사업을 창업할 수 있도록 숙성하는 과정이 꼭 필요하다고 본다. 아무리 협동조합 창업이라고 해도, 어떤 아이템과 영업 계획으로 사업하여 이익을 남기고 자생력을 갖출 것인가에 대한 의지와 지식을 가지고 있어야 한다. 사람들이 이런 의지와 지식을 가질 수 있도록 창업 단계에서 충분한 교육과 컨설팅이 있어야 한다. 특히 여러 사람이 함께 사업해야 하는 협동조합의 특성상 협동조합 초기 참여자들, 발기인, 임원 등 구성원에 대한 교육은 반드시 필요하다. 물론 이런 교육이 자유로운 협동조합 창업을 가로막는 또다른 규제가 되어서는 안 되겠지만 말이다. 오프라인 교육이 어렵다면 온라인으로라도 교육 인증을 할 수 있는 시스템을 구축하는 것도 하나의 방법일 수 있다. 마치 민간 자격증을 따는 것처럼 말이다.

또한 각 지역에 만들어진 공동체 지원 센터나 관련 교육 기관 등을 통한 협동조합 창업에 관심이 있는 사람이라면, 구체적인 창업 절차를 밟기 전에 사전교육 인증제도 같은 것을 만들어 이용하는 것도 좋지 않을까 한다. 사전교육을 받은 사람에겐 창업 시 다양한 혜택을 주는 것이다.

사회적 기업

문재인 정부가 들어서고 나서, 일자리 창출을 하겠다고 처음 범정부적인 차원에서 지원에 나선 것이 바로 사회적 가치가 높다고 판단한 사회적 기업이었다. 사회적 기업은 일반 영리 기업과 비영리 기업의 중간쯤에 위치하고 있는 사업체이다. 공익성을 추구하면서도, 자생력을 갖춘 기업으로서 적정 이윤 달성을 위해 영업 행위 역시 적극적으로 수행하는 기업을 말한다. 물론 문재인 정부가 추구하는 범정부적인 지원은 꼭 사회적 기업만을 위한 것이라 보긴 어렵다. 협동조합이나 마을 기업, 자활 기업 같은 사회적 경제 영역에 속하는 모든 기업들의 자생력을 갖추기 위한 지원책이다. 그런데 유독 사회적 기업이 주목을 받는 것은 사회적 기업이 가지고 있는 묘한 특성 때문이다.

사회적 기업은 공익성이 높은 비영리 법인이라는 측면과, 수익을 추구하는 일반 시장경제 영역의 기업이라는 측면을 하나로 접목시켜 놓은 자본주의 경제 체제 하의 개량된 기업 모델 형태를 가지고 있다. 즉 일반적인 기업처럼 영리를 추구하되, 그 이익을 한 사람의 오너(owner)나 일부 주주들만이 갖는 것이 아니라, 여러 사람이 함께 향유한다는 공동체적인 요소를 가지고 있다. 협동조합이나 마을 기업은 비교적 구성단위가 작고, 지역적인 사업 영역을 갖는 경우가 많다. 하지만 사회적 기업은 외형상 일반 기업처럼 일정한 크기의 사업 규모와 기술력, 근로자 수, 광범위한 유통 영역을 가지고 있다는 점에서, 사회적 경제 영역에서 일종의 전위 부대 같은 느낌을 준다. 즉 사회적 기업이 성공해야 사회적 경제 영역의 다른 조직들도 더 큰 희망과 꿈을 가질 수 있게 된다.

그래서 사회적 기업은 다른 사회적 경제 영역의 조직들보다 더 까다로운 가입 절차를 통해 지정되며, 일단 사회적 기업으로 지정되면 더 큰 지원을 받게 된다. 사회적 기업으로 바로 진입이 어려운 기업들의 경우, 예비 사회적 기업이라는 제도를 두어 1차적으로 지원하고 있다. 사회적 기업을 지정하는 기관이 고용노동부라는 점에서 알 수 있듯, 사회적 기업으로 지정되려면 반드시 유급 근로자가 있어야 한다는 조건이 있다. 만일 사회적 기업으로 지정될 경우 인건비 지원이 가장 먼저 지원 정책으로 따라오게 된다. 물론 인건비 외에도 사업 개발비나 홍보비, 정부의 사회적 기업 제품 우선 구입 등의 혜택도 있지만, 역시 사회적 기업 지원의 가장 매력적인 부분은 인건비 지원이다.

이 부분을 두고 '(사)사람과 경제'의 홈페이지에 나오는 말처럼

"빵을 팔기 위해 고용을 하는 것이 아니라, 고용하기 위해 빵을 파는 기업"이라는 말로 축약할 수 있다. 사람을 고용하고 이를 유지하는 착한 기업을 의미하는 것으로, 이와 같은 사회적 기업의 공익성을 높이 평가하여 정부에서 다양한 지원을 하는 것이다.

사회적 기업은 그 형태에 따라 여러 가지로 나뉜다. 주된 목적이 취약 계층의 일자리를 제공하는 기업인 일자리 제공 형 기업이 있고, 사회적 약자인 취약 계층이 효과적으로 사회 서비스를 제공 받을 수 있게 기업을 하는 경우, 지역사회의 발전과 유지 등을 위한 지역사회 공헌 형의 기업도 있으며, 이런 목적들이 혼합된 형태도 있다. 그리고 비록 사회적 목적이라는 측면에서 군이 계량화하거나 수치화하기 어려운 사업을 하는 경우도 있다. 즉 일반 시장 경제 기업이라면 이익이 생기지 않아 절대 하지 않을 일을 공동체 전체를 위해 하는 경우도 있다. 예를 들면 농어촌의 공통적인 불편함으로 꼽히는 대중교통 문제의 경우가 이런 형에 해당한다고 할 수 있다. 이용하는 사람이 별로 없기 때문에 비용 대비 수익이 날 수 없는 운수 사업이지만, 그 지역에 사는 주민들의 삶의 질을 생각할 때 버스나 택시 같은 대중교통 수단이 들어가 주어야 한다. 바로 이런 경우가 거기에 해당된다. 자본주의적 사고방식이라면 버스나 택시를 타는 마을 주민들에게 이익을 보장받을 만큼 많은 비용을 부담하도록 해야 할 것이다. 하지만 그럴 경우 당연히 이용 요금이 엄청나게 비싸져 대중교통이라고 할 수 없게 된다. 공익적인 부분을 고려하여 적은 요금만 받고, 비록 손실이 발생하더라도 사업을 해야 하는 경우, 사회적 기업이 아니면 할 수 없는 사업 분야가 되는 것이다.

여기서 사회적 기업의 고민과 정체성이 드러난다. 과연 그렇다면 어디까지를 사회적인 공익으로 봐야 하는가? 과연 손실은 어느 정도 선까지 감수할 수 있는가? 지속적으로 손실이 발생한다면 기업을 계속 영위할 수 있을까? 하는 부분들이다. 아무리 사회적 공익을 위한 일이라지만, 한없이 세금을 투입하여 공적 자금으로만 운영된다면, 이는 결코 기업이라 할 수 없다. 그래서 사회적 기업의 영역으로 생각한다면, 비록 지금은 적자가 불가피하더라도 향후 본 사업을 통해 어느 정도 이익을 보장할 수 있도록 영업 전략을 만들고 마케팅 계획을 세워야만 한다. 즉 새로운 투자자를 찾든지, 시골버스라는 콘텐츠를 이용하여 호기심 어린 소비자들을 찾아오도록 마케팅을 한다든지, 스토리텔링을 통해 외부 사람들이 많이 알 수 있도록 홍보하는 등, 다양한 영업 방법을 동원하여 손실을 만회할 수 있어야 한다. 그리고 이를 통하여 기업이 지속적으로 운영될 수 있는 토대를 만들어야 한다. 그러면서 적절한 시기에 행정적 지원이나 외부의 지원을 받는다면, 이 기업은 비록 느리기는 하지만 기업으로서 생명력을 가지고 지역에서 공적 서비스를 계속 할 수 있을 것이다.

우리나라의 사회적 기업 현황은 사회적 기업과 경제가 먼저 출현한 유럽에 비하면 아직 걸음마 단계라고 할 수 있다. 유럽에서는 GDP 대비 사회적 경제 분야가 차지하는 비중이 10% 선을 상

회하는 것으로 나타난다. 하지만 우리나라는 협동조합과 사회적 기업, 마을 기업 등을 모두 합쳐도 채 10만 명이 안 되는 근로자 수에 GDP의 1.3% 선에 불과한 것으로 알려졌다. 우리나라의 사회적 경제 분야의 수는 2016년 기준 사회적 기업(1713개), 협동조합(1만 640개), 마을 기업(1446개), 자활 기업(1149개) 등, 주요 사회적 경제 기업 수는 1만 4948개에 불과하다. 고용 규모는 사회적 기업(3만 7509명), 협동조합(2만 9861명), 마을 기업(1만 6101명), 자활 기업(7629명) 등 9만 1100명으로 집계됐다.

EU 나라들의 경우는 사회적 경제 분야, 특히 사회적 기업 분야가 어느 정도 안정권으로 접어들었다는 평가를 받고 있다. 하지만 우리나라의 경우는 아직도 많은 도움이 필요한 시작 단계라고 할 수 있다. EU와 마찬가지로 사회적 기업이 발달된 미국의 경우는 공공 지향의 서비스 제공 기업보다는, 시장 지향적인 사업 형 모델이 많이 발달되어 있다. 나중에 보게 될 자활 기업처럼 참여하는 사람들 개개인의 능력을 개발시키고 기술을 익히게 만들어, 시장경제에서 당당하게 경쟁하는 기업 형태로 발전시킨 것이다. 재정 적자가 많은 미국 정부는 레이건 시대 이후 꾸준히 공공 분야의 예산을 감축하고 있고, 미국 내에서 지역적인 편차도 크기 때문에 사회적 기업에 대한 지원도 지역적인 차이가 크다. 그래서 미국의 사회적 기업들은 저소득층의 사회참여와 비영리 사업은 물론, 일반 수익 사업을 통한 재정적 이윤 창출이라는 두 마리 토끼를 잡기 위해 노력하고 있다. 유난히 미국 사회적 기업들이 유럽이나 우리나라보다 마케팅과 영업 전략 면에서 일반 기업들 못

지않은 노하우를 갖게 된 것은 바로 이런 생존의 이유 때문이다.

미국과 EU의 사회적 기업은 모두 서방 선진국들의 경제성장이 멈추고 불황이 시작되었다고 알려진 1970년대 오일쇼크를 겪으면서, 그 필요성이나 사업의 방향이 잡히기 시작했다. 정부의 공적인 부조를 더 이상 기대하기 어려워지자, 스스로 자신들의 문제를 해결해야 한다는 자각에서 사업이 시작되었다. 유럽경제사회위원회(EESC)의 자료에 따르면, 2007년 영국의 협동조합과 상호공제조합은 각각 190,458개와 47,818개이며, 프랑스는 439,720개와 110,100개, 독일은 가장 발달된 나라답게 466,900개와 150,000개로 나타났다.

앞서 본 것처럼 유럽의 나라들과 달리 정부의 관여가 매우 적은 미국의 경우, 사회적 경제 분야에 대한 지원도 거의 없는 편이다. 따라서 미국의 사회적 기업들은 스스로 경쟁력을 갖춰야 하기 때문에 사업에 매우 적극적이다. 미국의 사회적 기업들은 협동조합, 비영리 조직, 상호 조직 등으로 구분할 수 있다. 미국의 협동조합들은 약 1억 2000만 명의 조합원을 보유하고 있다. 회원 수 8,400만, 자산 6천억 달러 이상인 1만여 개의 신용조합이나 5만 개 이상의 사업체들을 대상으로 여러 서비스를 제공하는 250여 개의 구매 협동조합, 지역의 농산물을 판매하는 3,000여 개의 지역 협동조합, 의료 및 공동구매 서비스를 제공하는 병원 공동구매 협동조합, 식품을 주로 공동구매하는 500여 개의 소매 협동조합 등이 포함되어 있다. 또한 미국의 비영리 조직들은 전 세계적으로 가장 활발하게 활동하고 있는 조직들이라고 할 수 있다.

서부 개척 시대의 미국을 생각해 보면, 각 지역에서 활발하게
활동하고 있는 사회적 기업이나 협동조합의 발전이 역사적으로
나 지리적으로 원인이 있다고 할 수 있다. 과학기술과 IT가 발달
한 지금도 미국의 협동조합들은 각 지역에서 그 지역에 맞는 사
업과 아이템으로 활발하게 운영되고 있는데, 이런 협동조합과 사
회적 기업들의 약진이 국가 전체적으로 사회적 경제 분야의 발달
로 이어지고 있는 모습이다. 미국의 성공 모델이 사회적 기업의 사
업화라는 측면에서는 시사하는 바가 크지만, 우리나라처럼 지역
적 특성이나 지리적인 단절이 크지 않은 곳에서는 유럽형의 공공
서비스 지향형이 더 잘 맞을 수 있다. 우리나라의 사회적 경제 영
역, 특히 사회적 기업이 해당 지역의 로컬 시장만으로 경쟁력을 확
보하고 자생하기란 쉽지 않을 것이다. 또한 다양한 욕구가 중앙과
지방의 구분 없이 모두 존재하고 있는 상황에서, 그 지역에만 있
는 특별한 서비스라는 개념이 큰 호응을 얻기 어려울 것이다.

미국의 사회적 기업들은 법적으로도 확고한 법인격을 갖추고
있으며, 사업 영역도 매우 세분화되어 있고 거의 대부분 공공성이
강하다. 그래서 참여자들의 수익 구조가 없음에도 불구하고 큰
성공을 거두고 있다. 미국의 모델에서 가장 중요한 핵심은 사회
구성원들이 가지고 있는 공공의 가치 추구와 선이라는 일종의 사
회 철학에 바탕을 두고 있다는 것이다. 그런 점에서 볼 때 우리나

라도 연례행사처럼 해마다 하고 있는 불우이웃 돕기라는 일회적인 시혜적 행사보다는, 전체 국민들을 대상으로 공공의 선과 가치 추구라는 보다 고차원적인 개념의 사업을 구상하고 실행할 필요가 있다. 우리 국민들도 보다 고차원적인 상호 부조의 개념을 이해하고 있는 사람들이 다수 있을 수 있고, 설사 드물다 하더라도 지속적으로 홍보하고 사업의 의의를 전파한다면 미국에서처럼 전국을 커버하는 대형 사회적 기업이 출현할 수도 있다.

이런 개념은 2002년 7월 영국에서 발표된 '사회적 기업 : 성공을 위한 전략'이라는 문서에서도 잘 나타나고 있다.

"사회적 기업의 주된 활동은 사회적 목표의 비즈니스이다. 그 잉여금은 주주와 소유주를 위한 이익 최대화가 아닌, 사회적 목표를 위해 비즈니스 또는 공동체에 재투자된다"라고 밝히고 있다. 즉 비즈니스를 성공적으로 수행하되 그 이익은 그 사회 공동체를 위해 재투자되어야 한다는 것이다.

1. 성공적으로 평가받고 있는 세계의 사회적 기업들

이쯤에서 세계적으로 성공적이라고 평가받고 있는 몇몇 사회적 기업을 소개하고자 한다.

(1) Tom's Shoes (미국)

소비자가 신발 한 켤레를 구입하면 제3세계의 가난한 어린이들에게 그 이익을 기부하는, 일대일 방식의 기부 프로그램을 운영하는 신발 회사이다. 블레이크 마이코스키(Blake Mycoskie)가 2006년 창립했다. 그의 창립 의도는 맨발로 돌아다니는 제3세계 어린이들의 비참함을 개선해 주고자 하는 것이었다. 그는 우연히 아르헨티나를 방문했을 때 그곳의 어린이들이 돈이 없어 맨발로 다니는 광경을 보고 큰 충격을 받았다. 당연히 자주 다치고, 질병에도 쉽게 노출되었다. 그래서 그는 일회적인 기부를 할 것이 아니라, 더 많은 아이들이 그런 어려움을 이겨 낼 수 있도록 지속적인 프로그램이 필요하다고 생각했다.

초창기 그는 약 200여 켤레만 제공하고자 했지만, 어려운 아이들을 돕는다는 의미의 '코즈 마케팅'[24]을 통해 매출을 끌어 올리게 되었다.

---

24 코즈 마케팅(Cause Marketing)은 기업의 경영 활동과 사회적 이슈를 연계시키는 마케팅이다. 하버드대 마이클 포터 교수가 제시한 공유가치 창출(CSV : Creating Shared Value) 전략의 구체적인 실천 방안이라고 할 수 있다. 소비자들은 착한 소비를 한다는 만족감을 얻고, 기업은 소비자들로부터 사회적 책임을 다한다는 긍정적인 반응을 얻어 내 매출 증대가 이루어진다.

특히 2007년 이후에는 유명 연예인인 스칼렛 요한슨, 키라 나이틀리와 같은 할리우드 스타들이 이 회사의 신발을 신고 다니는 모습이 대중에게 전파되면서 인기가 급상승했다. 또한 최근의 적극적인 SNS의 흐름에 맞춰 '탐스슈즈'를 신은 소비자들이 스스로 자신의 주변에 홍보하게 만들어 기업 자체도 크게 성장했다. 현재는 30여 개국에 지부를 둔 글로벌한 브랜드 회사로 성장했다.

이들은 현지에서 필요로 하는 신발을 현지에서 조달하는 '기빙 슈즈'라는 프로그램을 가지고 있다. 이를 통해 현지에서 생산, 조달함으로써 700여 명의 일자리도 창출하고 있다. 뿐만 아니라 이익의 일부를 어려운 현지 어린이들의 구충제나 의약품 등을 사는 데 지원하고, 산모의 안전한 출산과 보건 프로그램 등에도 투자하여 많은 사람들이 혜택을 보고 있다.

(2) Pioneer Human Service (미국)

스타벅스의 고향인 미국 시애틀에는 전과자와 약물 중독자, 노숙자들을 고용하여 사업하는 '파이오니어 휴먼 서비스'라는 회사가 있다. 이들은 교도소의 직업훈련 과정에 있는 사람들을 대상으로 직원 채용을 한다. 변호사 잭 달턴이 설립한 이 회사는 단순히 일을 하는 것이 아니라, 새로운 인생을 살도록 도와주는 일종의 갱생 프로그램을 함께 병행한다. 1963년 잭 달턴 역시 회사 돈을 횡령했다는 이유로 2년간 교도소에 복역한 적이 있었는데, 그곳에서의 경험이 1963년 회사 설립으로 이어졌다.

매우 특이한 것은 이곳에는 다른 사회적 기업과 달리 외부에서의 지원이 없다는 것이다. 자신들 스스로 사업을 통해 돈을 버는 구조이다. 또한 회사에 자금을 대는 주주도 없다. 즉 종사자 모두가 주인인 셈이다. 이들은 회사 운영을 통해 벌어들인 이익을 사회 서비스와 사업 확장을 위해 꾸준히 투자한다. 주류 자본주의 경제 체제의 맹주인 미국이라는 나라에서 이런 도전적이고 획기적인 방식으로 사회적 기업을 운영하여, 현재 크고 작은 계열사 10여 개를 통해 2008년 기준 연매출 6,400백만 달러를 달성했다. 이들은 현재 보잉사와 협력하고 있는 인더스트리 분야를 비롯하여 건설, 식품, 카페 사업 등 다양한 분야에 진출해 있다.

물론 대기업의 투자를 받기도 한다. 보잉의 투자로 세워진 파이어니어 인더스트리가 대표적인 예이다. 투자만 받았을 뿐 주식을 판 것이 아니기 때문에 보잉사 역시 이 회사의 대주주는 아니다. 또한 카페 사업의 경우도 스타벅스로부터 25만 달러를 투자받기도 했지만, 현재는 사업을 통한 이익으로 모두 상환했다. 파이오니어 휴먼 서비스는 연간 운영 비용의 99% 이상을 자체 수익으로 충당할 만큼 건실한 기업 운영을 하고 있다.

(3) JUMA (미국)

저소득층 청소년들에게 직업훈련과 취업 기회를 제공함으로써, 빈곤에서 탈출하고 건전한 공동체의 일원으로 활동할 수 있도록 돕는 미국 서부 샌프란시스코의 대표적 사회적 기업이다. '주마'라는 말은 스와힐리어로 '일'이라는 뜻이다. 이 회사는 미국의 가장 큰 아이스크림 회사인 '밴 앤 제리'의 후원 속에서 성장할 수 있었다. 밴 엔 제리는 저소득층 청소년들에게 아이스크림 제조와 판매에 대한 기술을 전수해 준 뒤, 이들을 프랜차이즈 형태로 창업시켜 일할 수 있도록 도와주었다.

맛있는 아이스크림을 먹으면서 누군가도 도울 수 있다는 인식이 소비자들에게 퍼지면서 주마뿐만 아니라 밴 엔 제리도 사업이 잘되는 상생의 효과가 나타나고 있다. 주마 직업훈련 과정에 참여하여 성공적으로 창업하는 선배들을 보면서 지역의 불우한 청소년들도 꿈을 꿀 수 있게 되었으며, 지역의 크고 작은 청소년 관련 문제들이 줄어드는 효과도 거둘 수 있었다. 주마의 관리자들은 이윤 창출과 사회적 미션 수행이라는 두 가지 목표를 향해 일하고 있고, 저소득 청소년들의 멘토(mentor)로서의 역할도 충실히 수행하고 있다.

직업 재활과 기존 시장경제 주체들의 협력으로 얼마든지 지역의 문제를 해결할 수 있는 모델이 나올 수 있다는 것을 보여주는 좋은 사례이다. 우리나라에서도 접목할 경우, 여러 응용 아이템들이 나올 수 있을 것이다.

(4) Samasource (미국)

'사마 소스'는 미국 샌프란시스코에 위치하고 있는 인터넷 솔루션 아웃소싱 회사이다. 이들은 클라이언트에게 의뢰받은 과업들을 저개발국의 여성, 청소년, 난민들에게 나누어 주어 이들이 작업하도록 도와주고 그렇게 만들어진 프로그램을 다시 클라이언트에게 연결해 주는 일을 한다. 이들은 미국 외에도 케냐와 아이티, 인도, 우간다 등에 지점을 가지고 있으며, 파키스탄과 여러 남아프리카 국가에서 사람들을 고용한다. 이들이 고용한 사람들은 사마 소스의 훈련 과정을 거치게 된다. 그 과정에서 사마 소스가 가지고 있는 기술 플랫폼인 '사마 허브'를 통해 클라이언트들이 요구하는 여러 인터넷 콘텐츠 중개, 디지털 녹음 및 기계 학습 등, 다섯 가지 범주의 디지털 서비스를 고객에게 제공할 수 있는 능력을 배양하게 된다. 이들의 고객은 구글과 이베이, 월마트 등이며, 심지어 마이크로 소프트도 포함되어 있다.

또한 '사마 스쿨'을 통해 장차 프로그래머로서의 역량을 키울 수 있도록 다양한 교육 과정을 운영하고 있고, '사마 호프'라는 크라우드 펀딩(crowd funding) 플랫폼을 이용하여, 가난한 지역의 여성과 어린이들을 위한 의료 치료를 제공하기도 한다. 사마 소스의 가장 큰 강점은 직업을 갖기 어려운 저개발 국가의 빈곤층에게 양질의 직업훈련과 함께 엔지니어로서의 역량을 가질 수 있도록 도움을 주고 있다는 것이다. 단순히 일거리를 주는 것이 아니라, 앞으로 자신의 해당 분야에서 전문가로 살아 갈 수 있는 토대를 마련해 주고 있다는 것이다. 이는 개인의 성취만이 아니라, 그 지역과 나라에도 큰 도움이 될 수 있다는 점에서 미래 지향적인 협력 관계를 만들었다는 평가를 받고 있다.

(5) KIVA (미국)

최근 우리나라에서도 선풍적인 인기를 끌고 있는 것이 바로 크라우드 펀딩이다. 여유자금을 부동산이나 주식에 투자하기보다는, 투자의 성과도 거두면서 사회적 가치를 높일 수 있다는 점에서 크라우드 펀딩은 인기가 높다.

'키바'는 미국 내에서 많은 사람들이 이용하는 크라우드 펀딩 회사이다. 이 회사는 펀딩의 대상으로 주로 개발도상국의 소규모 사업과 저소득층 대상 저이자 대출 사업을 하고 있다.

샌프란시스코에 위치하고 있는 키바는 2015년 현재 190개국의 약 9,000명의 사람들로부터 투자를 받아 170만 개의 프로젝트를 성사시켰다. 실제 키바의 투자자들은 자신들이 낸 원금을 회수한 사람이 대부분이다. 이들은 소액 대출을 극대화하기 위해 수수료가 없는 금융 시스템을 이용하며, 소액 대출을 받은 사람이 사업을 통해 이익이 나면, 투자자들의 원금 상환은 물론 재투자가 이루어질 수 있도록 유도하고 있다.

한 번 투자가 성공할 경우 지원받은 사람이 사업을 확장할 수 있도록 재 펀딩도 해주고, 사업이 더욱 번창할 수 있도록 홍보와 재교육도 연결해 주고 있다. 처음 실리콘 밸리에서 기술은 있지만 사업 자금이 없어 고민하던 사람들을 돕는 것에서 시작된 크라우드 펀딩은 이제 미국 내에서 하나의 문화로까지 자리 잡고 있다. 사업뿐 아니라 뉴스와 문화예술, 자선에 이르기까지 다양한 분야에서 활용되고 있다.

(6) re-cycle (영국)

1998년 영국의 멀린 메튜스에 의해 설립된 자전거 재활용 사회적 기업이다. 영국 내에서 버려지는 자전거와 부품을 회수하여 재조립한 후, 아프리카의 빈곤 국가로 보내서 활용할 수 있도록 하는 일을 한다. 그는 우연한 기회에 아이티에서 유학 온 친구를 통해 저개발 국가에서는 자전거가 매우 부족하다는 말을 듣게 되었고, 영국에서는 방치된 자전거로 인해 골칫거리가 되고 있다는 사실을 알게 되었다. 이 둘을 연결하면 서로에게 도움이 될 수 있을 것으로 생각하고, 이것을 사업으로 확장했다.

대부분의 아프리카 저개발 국가들에서는 교통 사정이 여의치 않아 사람들이 음식이나 연료, 물 등을 직접 걸어서 운반하는 경우가 많다. 몇 시간씩 매일 힘들게 걸어야만 생을 이어갈 수 있는 것이다. 리사이클의 자전거는 이렇게 열악한 환경의 나라들에 보급되어, 소상공인과 어린이, 정부 관리 등 필요한 사람들이 이용할 수 있도록 하고 있다. 단순히 자전거만 보급하는 것이 아니라 자전거를 수리하고 조립할 수 있는 기술도 보급함으로써, 현지인들의 자립 기반 조성은 물론 새로운 일자리도 창출하고 있다.

1998년 설립 후 약 45,000여 대의 자전거가 아프리카의 카메룬, 콩고, 가나, 케냐, 말라위, 라이베리아, 탄자니아 등 12개국에 보내졌다고 한다.

(7) People tree (영국)

공정무역을 통한 상생의 길을 패션에서 열어 가는 영국의 사회적 기업이다. 친환경적인 생산을 하면서 개발도상국에 있는 근로자들이 인간적인 대접을 받게 하자는 취지의 윤리 경영을 표방하고 시작되었다. 대부분의 봉제 관련 산업은 저개발국의 저임금 근로자들이 담당하고 있다. 그들에게 공정무역을 통해 제대로 된 임금도 지급하고, 친환경적인 소재의 옷을 만들어 입음으로써 환경 문제도 고려하는 경영을 하고 있다.

피플 트리는 13개 개발도상국의 34개 공정거래 그룹을 적극적으로 지원하고 있으며, 생산 파트너들이 보석부터 점퍼, 드레스까지 모든 것을 만들고 있다. 15,000여 명의 생산자와 소재가 되는 농작물을 만들어 내는 45,000명의 농부들의 제품을 판매함으로써 이들의 생계에 도움을 주고 있다. 그들은 또한 생산자들에게 일정한 권한을 부여하기 위해 슬로우 패션 방식으로 자신이 생각하는 제품을 만들도록 권유하고 있다.

영화 〈해리포터〉의 여주인공으로 유명한 엠마 왓슨이 컬렉션을 진행하는 등 이 회사와 인연을 맺고 있는 것으로도 알려지면서 여론의 주목을 받기도 했다. 화려하거나 비싼 옷은 아니지만, 피플 트리의 패션은 자연스러우면서 지구와 인간을 함께 생각하자는 의미를 담고 있어, 많은 젊은이들과 지식층이 소비자 대열에 합류하고 있다. 유럽에서 꽤나 인기가 좋다.

(8) Parlament watch Gmbh (독일)

이 기업은 매우 독특한 사업을 하는 곳이다. 국민들이 선출한 국회의원들이 어떤 의정 활동을 하고 있는지 실시간으로 사람들에게 정보를 제공하는 사회적 기업이다. 2004년 사회학자인 그레고르 하크마크(Gregor Hackmack)와 IT 전문가인 보리스 헤켈레(Boris Hekele)는 함부르크 시의 혼잡한 술집에 앉아 당시 새로운 선거 제도에 대하여 이야기하다가, 어떤 특정 질문을 여러 의원들에게 했을 때 어떤 답들을 낼까 궁금하다는 이야기를 했다. 그런 답들을 사람들이 보게 된다면, 의원을 선택하는 데 도움이 될 것이라는 생각을 하게 되었다. 이런 그들의 생각이 이 기업을 만들게 된 계기가 되었다.

이들은 청원서를 제작하여 의원들에게 보내기도 하고, 회원들이 해당 국회의원에게 원하는 질문들을 보내 답을 요구하기도 한다. 질문이 이들이 요구하는 행동 강령에 위배되지 않는다면, 누구나 원하는 답을 들을 수 있다.

이들은 매달 약 7천 개의 질문을 접수받고 있으며, 300,000명 이상의 사람들이 이 회사 사이트에 입장하여 300만 페이지의 노출을 생성한다. 처음에는 의원들이 냉담한 태도를 보였지만, 지금은 질문의 80% 정도가 답이 나올 정도로 활발하게 움직이고 있다.

이 회사의 재정은 회원들이나 기부자들이 내는 기부금으로 운영된다. 한 달에 5유로를 내는 약 2,500명의 기부자들이 있는 것으로 알려졌다. 또한 정치인들은 최대 200유로를 내면 자신의 프로필 사진이나 이력서, 선거운동 일정 등을 입력할 수 있다. 정치와 사업이라는 묘한 접목으로 사업하고 있는 매우 특이한 사회적 기업이다.

(9) La Pageda (스페인)

정신병자들을 고용하여 유제품과 식품을 생산하는 스페인의 사회적 기업이다. 1982년 초 정신병으로 고통 받는 환자들에게 작업 치료를 해주고, 사회와 단절된 채 살아가는 이들의 생활을 돕기 위해 만들어진 곳이다. 단순히 제조하는 일만 하는 것이 아니라, 근로를 통한 재활 치료 목적도 함께 가지고 있다. 비록 정신적인 문제가 있지만 내면에 가지고 있는 각자의 역량과 능력이 발휘된다면 얼마든지 이들도 훌륭한 제품을 만들 수 있고, 자신의 병도 치료할 수 있다는 생각에서, 올로트(Olot) 수녀원에서 협동조합 형태로 출범했다.

2015년 현재 연간 6천만 개의 요구르트를 생산하고, 8만 명이 넘는 방문객들이 이곳을 찾고 있으며, 아이스크림과 무가당 요구르트를 개발하는 등 사업 다각화도 시연하고 있다. 우리나라도 중증 정신질환자나 발달 장애인의 경우 마땅히 취업할 곳이 없다. 이곳처럼 재활과 사업이라는 두 마리 토끼를 잡을 수 있다면 얼마나 좋을까 하는 생각을 해본다.

(10) Santropol Roulant (캐나다)

노인들의 도시락을 자전거로 배달하면서 세대 간 사회적, 경제적 고립 관계를 깨보자는 의미로 출범된 캐나다의 사회적 기업이다.

샌트로폴(Santropol)이라는 카페에서 일하던 두 친구 '크리스토퍼 갓솔(Christopher Godsall)'과 '케이스 피츠패트릭(Keith Fitzpatrick)'은 자신들의 자원봉사 경험을 바탕으로 청소년과 노인 모두가 함께할 수 있는 사회적 시스템이 무엇일까 고민하던 차에, 청소년들이 노인들에게 따뜻한 식사를 갖다 주면 서로의 생각이 교류될 수 있지 않을까 하는 생각을 하게 되었다. 청소년들은 도시락을 제공하기 위한 근로자로 고용에 참여하고, 노인들은 이들이 갖다 주는 도시락을 먹으면서, 두 그룹이 서로를 이해하고 도울 수 있으리라 생각한 것이다.

단순히 세대 간의 유대관계만을 생각한 것이 아니라, 그 지역에서의 공동체 의식을 고취하고 소외되고 어려운 이웃들을 돕자는 마음도 함께하고 있다. 일주일에 5일은 자원봉사자들로 구성된 수천 명의 단체원들이 직접 만든 수제 도시락을 들고 각 지역을 다니며 봉사하고 있다. 도시락에 들어갈 유기농 채소를 키우기도 하고, 전국의 올바른 식재료들을 발굴하는 작업도 하고 있다. 대부분의 예산을 기부와 봉사에 의지하고 있지만, 독지가들의 현물 기부나 기관, 단체의 기부 역시 꾸준히 이어지고 있다.

(11) Noppo (일본)

노포는 일본의 농업 관련 사회적 기업이다. 대학에서 농업 관련 전공을 한 와키사가 마사토에 의해 2000년대 중반 설립된 회사이다. 농촌의 부족한 일손도 돕고, 젊은이들이 농사에 필요한 지식을 배울 수 있도록 하자는 의미에서 시작되었다. 그는 농촌 현장에서 늘 어른들이 쓸 만한 인재가 없어 고민이라고 하는 말을 들었다고 한다. 또 젊은이들 역시 농촌에 관심은 있지만 일할 만한 곳이 없다고 하소연했다. 이 두 가지를 접목할 수 없을까 하는 생각에서 노포를 설립했다.

젊은이들을 고용하는 농가에게는 판매 지원과 인터넷 서비스 등을 제공하고, 매출이 발생할 경우 젊은이들의 일자리도 단단하게 다지는 것이다. 그들이 만든 웹사이트에는 유기농 채소와 여러 지역 농가들의 정보가 들어 있어 사람들이 사이트를 통해 손쉽게 물건을 구입할 수 있다. 또한 SATT라는 무가지(無價紙)를 만들어 소비자들에게 배포하고 있다. 이들의 이런 노력들이 알려지면서, 이곳에 자신의 물건을 팔려는 사람들이나 소비자들이 늘어나고 농촌을 배우고자 희망하는 젊은이들도 무척 많이 늘었다.

SATT를 통해 취업하는 젊은이들은 인턴이라 부르지 않고 스텝이라 부른다. 단순한 직원이 아니라 파트너라는 생각에서 그렇게 하고 있다. 단순히 농가에서 일한다는 것만으로 젊은이들에게 급여를 지급하지는 않는다. 그들은 농가 현장에서 기술을 배우고, 장차 자신들이 해야 할 농촌에서의 사업을 구상하도록 만들어 준다. 그들이 말하는 대로 이곳은 일터라기보다 학교이기 때문이다. 일자리와 구직자를 단순 연결한 사업이라면, 아마도 비슷한 종류의 일을 하는 곳은 많을 것이다. 하지만 이곳은 농촌의 미래를 위한 사업 아이템을 농촌과 젊은이들이 함께 고민하자는 의미를 지니고 있어서 우리에게 시사하는 바가 크다.

2. 우리나라의 사회적 기업들

우리나라도 나름대로 영역을 만들며 성공적으로 운영되고 있는 사회적 기업들이 있어 몇 곳 소개하고자 한다.

(1) 용인 장애인 재활 작업장 - 쿠키 트리

일자리를 구하기 어려운 장애인들이 직업 재활을 하면서 소득을 올릴 수 있는 곳이 바로 장애인 재활(보호) 작업장이다. 2009년 용인에서 문을 연 이 쿠키 트리는 장애인들이 종량제 쓰레기 봉투 제작을 하는 작업장으로 시작했다. 뒤이어 수제 쿠키를 만드는 라인을 새롭게 만들면서 본격적인 사업을 시작하게 되었다.

창업 초기 장애인들이 쿠키를 만든다는 게 쉽지 않았던 이곳은 관련 지식 습득은 물론 식품위생 관련 법규와 인허가 등의 난관을 극복하고, 지역의 연고를 중심으로 판매를 시작했다. 그러나 이들의 노력이 알려지고 쿠키의 품질이 좋아지면서, 최근에는 소셜 커머스 업체 같은 인터넷 업체들이 거래를 자처하고 나서는 등 입소문을 타고 있다. 장애인들을 돕자는 취지의 초기 영업 전략은 이제 품질로 승부하는 진정한 쿠키 제조사로서의 자존심으로 승부하는 전문 영업 전략으로 바뀌었다. 다른 회사와의 경쟁력을 확보하면서 고정 거래처도 꾸준히 늘고 있다고 한다.

회사에서는 직원들을 위한 교육과 세미나, 선진지 견학 등을 지속적으로 실시하면서, 역량 강화를 위한 노력과 다양한 판로 개척을 위한 노력도 하고 있다. 물론 쿠키라는 영업 영역이 대기업도 많고 여러 경쟁 업체들도 많은 만큼, 지금까지보다도 더 어려운 환경에 노출될 수도 있다. 하지만 이들이 가진 열정과 헌신적인 노력만큼은 어디에 내놓아도 뒤지지 않기에 낙관적인 전망을 할 수 있을 것이다.

(2) 토종 종자 보존 사업 - 괴산군 흙살림

사라져 가는 토종 종자의 보존과 종 다양성 확대를 유기농업으로 실천하는 사회적 기업이다. 이곳은 300여 가지 토종 벼와 1,500여 가지의 토종 종자를 보유하고 있다. 이미 관련 분야의 선진국이라 할 수 있는 일본과 미국, 유럽의 여러 나라들은 종자를 미래 전략 산업의 핵심으로 간주하고, 국가 차원에서 마치 첨단과학 기술처럼 외부로의 유출을 막기 위해 단단히 지키고 있다.

1991년 민간 차원에서 우리 종자를 지키고 발전시키자는 의미에서 설립된 이 회사는 우리 조상들이 그랬던 것처럼 미생물을 활용하는 유기농법을 기초로 흙도 살리고 사람도 살자는 의미의 농사법을 개발·보급하며, 종자 연구를 통한 종자 수출까지 하고 있는 곳이다. 화학비료와 합성 농약을 대체할 수 있는 친환경 농법과 농자재 개발과 농민 교육도 이 회사가 하고 있는 주요 사업이다. 또한 자체 쇼핑몰을 통해 친환경 농축산물을 판매하고, 전국 7개 지부, 9개 지회 1만여 명의 농민 회원을 구성해 '흙살림 운동'을 펼치고 있다.

흙살림 운동이란 살아 있는 흙 만들기를 토대로 건강한 친환경 농산물의 생산·유통을 표방하며, 궁극적으로 친환경 유기농업을 확산시키는 운동이다. 국내 최초로 친환경 민간 인증기관 지정을 받기도 했다.

최근 친환경과 도시 농업이 각광을 받으면서 이들이 개발한 농법과 농자재 등이 많은 인기를 얻게 되어, 여러 기관과 지자체들을 통해 노하우가 전수되고 있다.

(3) 버려진 폐기물로 제품을 만드는 - 터치포굿

버려지는 현수막을 이용하여 패션 소품으로 만드는 일을 사업화한 곳이다. '터치포굿'은 버려지는 여러 가지 폐기물들을 재활용하여 다양한 제품을 만들고 판매하는 사회적 기업이다. 하지만 이 기업의 목표는 폐기물을 재활용하는 것만이 아니라, 상품들이 쓰레기가 되지 않고 다시 쓸 수 있도록 바꾸는 노력을 하는 것이라고 할 수 있다. 그래서 이들은 쓰레기가 많이 발생하는 기관이나 기업에 컨설팅이나 교육을 하면서, 폐기물이 될 상품들을 가져다 필요로 곳에 기념품이나 비품으로 재가공해 주고 있다. 이런 사업을 일명 업사이클링이라고 한다. 이런 업사이클링 기술을 개발하고 연구하는 일도 하고 있다.

이 회사가 대중적으로 많이 알려지게 만든 현수막 재활용의 경우, 선거철에 많이 버려지는 현수막들에 적혀 있는 정치인들의 여러 공약들이 과연 다음 선거 때까지 잘 지켜지는지 확인하자는 의미를 갖고 있다. 즉 가방으로 제작하여 계속 사용하면서 공약 이행 여부를 지켜보려는 의도를 가지고 있다.

국내에서 하루에 버려지는 쓰레기는 8,000톤으로, 분리 수거가 잘되는 편이라고 한다. 하지만 이 분리 수거된 쓰레기들을 재활용하는 비율은 OECD 국가들 중 가장 낮은 편이다. '터치포굿'은 재활용 쓰레기는 물론 일반 폐기물까지 상품화가 가능하다고 생각한다. 물론 더 많은 성분 분석과 유해성 여부를 꼼꼼히 살펴봐야 하지만, 이런 버려지는 폐기물들도 훌륭한 제품으로 바뀔 수 있다고 역설한다. 그리고 버려지는 쓰레기를 재활용한다는 자연보호의 차원을 넘어, 그 폐기물들이 스토리를 가진 새로운 제품으로 재탄생하도록 만들어 부가가치를 높인다. 최근에는 여러 기업들이 이런 '터치포굿'의 아이템을 이용하기 위하여 파트너로 나서고 있다.

(4) 어르신을 위한 실버 영화관 - 허리우드 클래식 극장

노인들을 위한 실버 전용 영화관을 운영하는 사회적 기업이다. 한때 개봉관으로 인기가 많았던 종로 낙원상가의 허리우드 극장은 멀티플렉스 영화관들이 자리를 잡으면서 쇠락의 길로 접어들었다. 이런 허리우드 극장을 추억의 명화들을 상영하는 노인 전용 극장으로 변모시켜 영화관 사업을 하는 곳이다. 55

세 이상의 시니어들은 단돈 2천 원만 내면 이곳에서 지나간 명작 영화를 즐길 수 있다.

지금까지 상영된 영화들을 보면 개봉작이었던 〈벤허〉를 비롯하여 〈대지〉, 〈사운드 오브 뮤직〉, 〈거상의 길〉, 〈백조〉 등, 예전에 많은 인기를 누린 명작들이 주류를 이루고 있다. 또한 이곳의 직원들 역시 70대 이상의 노인들이다. 비록 조금 느리기는 하지만 책임감이나 경륜이 뛰어나기 때문에 오히려 더 믿음직스런 직원들이라고 한다. 하지만 아무리 좋은 뜻을 가지고 있다고 해도 2천 원의 영화 상영료로 극장을 운영하기는 쉽지 않은 일이다. 하지만 이곳의 의미를 알게 된 SK케미칼과 유한킴벌리, 하나은행 등에서 지원을 자처하고 나섰다.

이제 이곳에는 어르신이 DJ를 보는 커피숍도 있고, 단돈 3천 원이면 먹을 수 있는 국수집도 있으며, 여성들의 공간을 마련해 주기 위한 미용실과 시니어 전문 용품들을 판매하는 매장도 있다. 단순히 어르신들을 대상으로 시혜적인 사업을 하는 것이 아니라, 노인복지 차원에서 노인들이 즐기고 만족할 수 있는 복합 공간을 만들어 주고 있는 것이다.

(5) 국내 최초 공정여행 기업 - 트래블러스맵

단순히 즐기기만을 위한 여행이 아니라, 그 지역의 문화와 환경을 지키고 해당 지역 경제까지 함께 생각하는 공정여행을 추구하는 사회적 기업이다. 가능하다면 여행 간 지역에서 그 지역의 특산물을 구입하고, 현지인을 가이드로 고용하여 일자리도 창출하며, 지역 문제를 고민하는 단체를 방문하여 기부도 할 수 있도록 연결해 주는 여행 상품을 개발하여 판매한다.

여행을 다녀온 후에도 지속적으로 도움을 줄 수 있는 방법을 찾고, 환경보호를 위해 탄소 배출을 최소화하는 방법을 강구하여 현지의 환경까지 고려하고, 이를 위하여 여행 인원도 20명을 넘지 않도록 구성한다. 이런 여행을 일종의 책임여행이라 부른다. 자신이 여행한 곳이 즐기기 위한 장소만 되는 것이 아니라, 그 지역의 문제를 함께 고민하고 도움을 줄 수 있는 방법을 찾는 것이 이 기업의 아이템이다.

물론 그렇다고 항상 저개발국의 어려운 처지의 사람들만을 찾아가는 것은 아니다. 원시의 자연이 살아 있는 친환경적 여행 상품도 개발하며, 태국의 유명한 치앙마이의 동네 관광을 하는 등 유명 관광지도 다녀올 수 있다. 하지만 기본적으로 이들이 기획하는 여행은 그 지역과 함께할 수 있는 동참하는 여행, 도움을 주는 기부의 여행, 환경과 지역 경제를 생각하는 책임의 여행이다. 강제 쇼핑을 강요하는 일반 패키지 여행이 아니라, 현지에서 직접 소비자와 생산자가 만나는 공간을 만들어 준다.

그래서 이곳의 상품은 외국뿐 아니라 국내 상품도 많이 있고, 아이들을 위한 교육 여행도 있으며, 회사와 단체에서 원하는 테마를 주제로 상품을 만들기도 한다. 의미는 크지만 여행은 재미있게, 그리고 실속 있게 떠나는 것이다. 단순한 여행이 아니라 자신의 의미를 찾아 떠나는 콘텐츠를 담은 여행 상품으로 점점 인기가 높아지고 있다.

3. 평가

이렇게 성공적으로 잘 운영되고 있는 사회적 기업들도 있지만, 대부분의 사회적 기업들은 기업을 경영하면서 사실 영업 손실을 보고 있다. 2008년 기준으로 사회적 기업들의 매출액 대비 인건비는 무려 64.2%로 매우 높은 비중을 차지하고 있어, 정상적인 영업으로는 이익을 보기 어려운 구조이다.

이런 상황을 말해 주듯 사회적 기업진흥원의 '사회적 기업 성과 분석 보고서'를 보면, 2012년 744개 사회적 기업 가운데 88.3%인 620개 기업이 영업 적자를 기록했다. 여기서 말하는 영업 이익이라는 것은 사회적 기업이 정부로부터 지원받는 보조금이나 지원금을 제외하고 순수 기업 활동을 통해 얻은 이익을 말하는 것으로, 그동안 사회적 기업의 성과를 나타내는 주요한 판단 기준이었다. 사회적 기업들이 업체 당 평균 1억 6000만 원 정도의 지원을 받고 있다는 현실을 생각할 때, 지원을 제외하고 스스로 이익을 내는 기업은 겨우 10% 정도라고 할 수 있다. 나머지 90%의 사회적 기업들은 정부의 지원이 없을 경우 기업을 지속적으로 운영하는 것이 불가능하다는 것을 나타낸다.

우리나라의 사회적 기업들이 이렇게 운영이 어려운 이유는 무엇일까? 앞서 살펴본 대로 사회적 기업이 어느 정도 자리 잡은 유럽의 경우는, 기존 자본주의 경제 체제의 문제점에 대한 반발로 사회적인 합의에 의해 사회적 기업이 탄생한 경우가 많다. 즉 일반 서민들의 문제의식을 바탕으로 사회적 기업이 탄생했기 때문에, 운영자 측면에서나 기업을 이용하는 소비자 측면에서도 사회적 기업의 필요성이나 유용성에 대한 인식이 널리 퍼져 있다. 이런 상황을 말해 주는 것이 유럽 사회적 기업들의 다양한 진출 분야이다.

또한 이렇게 국민적인 합의에 의해 사회적 기업들이 탄생했기 때문에, 정치권이나 행정부에서 이들을 바라보는 시각도 매우 진지하고 파트너십을 갖기 수월했으리라 생각된다. 일종의 NGO 같은 역할을 사회적 기업들이 수행하는 경우가 많아 지역에서의 신뢰도 높은 편이다. 이런 유럽의 정서가 사회적 기업들의 영업 활동에 긍정적인 영향을 주었으리라고 미루어 짐작할 수 있다.

미국의 경우도 1970년대 국가 주도의 비영리 조직 운영에 한계가 나타나자, 지역에서 해당 비영리 업무를 수행하는 사회적 기업들을 살려야 한다는 주민 의식이 생기면서, 기업 활동에 음으로 양으로 많은 도움을 주는 모습이 나타났다. 이런 지역 주민들의 도움 속에서 지속 가능한 사회적 기업들이 만들어질 수 있었다는 분석이다. 미국의 사회적 기업들은 유럽처럼 지역 문제나 공공의 사업들을 담당하는 면에서는 비슷하지만, 스스로 영업을 통해 자생력을 가져야 한다는 생각이 강하기 때문에, 마케팅이나 영업 전략, 신기술 개발 등 기업 활동을 유지하기 위한 노력을 꾸준히 해왔다. 앞서 언급한 대로 미국의 사회적 기업들은 공적인 측면에서의 활동에서도 많은 공감대를 형성하고 있지만, 사업적인 측면에서도 새로운 마케팅 기법을 채용하여 사업에 성공하는 사례들을 많이 낳고 있다.

우리나라의 상황은 미국이나 유럽과는 많이 다르다. 우리나라에서 사회적 기업 정책은 주로 저소득층, 장애인, 여성 등 취약 계층의 일자리 창출을 목적으로 추진해 왔다. 사회적으로나 정책적으로 사회적 기업이 일반 시장경제의 한 축으로 성장할 수 있도록 기술 개발, 영업, 마케팅 등 일반 기업들이 가져야 하는 경쟁력을 갖도록 배려하는 분위기는 많지 않았다. 오히려 기업 자체가 수익을 내지 못하더라도 일자리 창출과 소외 계층의 고용에 기여한다면, 이를 더 의미 있는 사회적 기업이라고 생각하는 분위기마저 있었다. 즉 단기적인 일자리 창출이 우리나라 사회적 기업의 목표가 되었던 것이다. 우리나라 사회적 기업을 담당하는 관계 부서가 고용노동부라는 것을 보면, 이런 정부의 의지를 더욱 잘 알 수 있다. 따라서 공공의 이익과 기업의 발전이라는 두 마리 토끼를 잡아야 하는 사회적 기업들이 일정한 이익을 창출하면서 지속적으로 운영될 수 있는 여지가 많지 않았다.

지속 가능하지 못한 사회적 기업은 당연히 정부의 지원이 없을 경우 생존하기 어렵다. 현재 우리나라의 사회적 기업들이 일정 기간의 정부 지원이 종료된 후 운영상 어려움을 겪다가 시장에서 도태되는 모습을 많이 보이는 것은 이런 현실에서 보면 어쩌면 당연한 일이다. 우리나라 사회적 기업을 운영하는 사람들의 명확한 목표 의식의 설정도 중요하지만, 사회적으로나 정책적으로 사회적 기업이 가지는 긍정적이고 미래 지향적인 가치를 이해하고 공유하려는 노력이 필요하다. 앞서 살펴보았지만, 자본주의 경제 논리로만은 할 수 없는 여러 공익적 사업을 사회적 기업은 할 수 있다. 이를 통한 공동체의 발전과 시장경제의 발달 역시 함께 기대할 수 있기 때문에, 우리 사회 전반에서 바른 이해와 협조가 필요하다.

그래서 더욱 사회적 기업들이 바르게 성장할 수 있는 사회적 기반과 토대가 중요하다.

현재 우리나라에는 정부의 지원 속에서 온실의 화초처럼 자생력과 지속 가능성이 매우 취약한 사회적 기업들이 많지만, 사회적 기업의 숫자에만 집착하는 경향을 가지고 있는 것이 문제이다. 사회적 기업이 생산하는 물품이나 제공하는 서비스를 일반 기업들과 마찬가지로 소비하며 공감하는 공존의 단계로 나아가는 것이 필요하다. 그리고 이를 위하여 사회적 기업들도 기술 개발과 제품 개발, 마케팅 등 일반 기업이 하고 있는 노력을 지속적으로 해야 한다.

그리고 지금도 여성 기업이나 장애인 기업 등 일부 사회적 경제 영역의 기업들을 위한 지자체의 우선구매 방식 등의 혜택이 있는 것은 사실이지만, 이런 일회적이고 작은 혜택보다는, 이들 사회적 기업들과 지속적인 거래 관계를 구축하는 것이 보다 중요하다. 다소 가격적인 면이나 품질 면에서 부족한 부분이 있을 수 있지만, 사회적 기업이 가지는 우리 사회에서의 순기능을 생각하여, 독점적인 거래까지는 아니더라도 일정 부분 이들과의 거래를 지속적으로 실행함으로써 서로 공존할 수 있는 방법을 찾아야 할 것이다. 다시 말하면 보다 공격적인 법적·제도적 지원책이 필요하다고 할 것이다.

우리가 생각해 볼 수 있는 미래의 자본주의 경제사회는 이렇게 영리 추구와 공공의 이익이 함께 공존하는 사회일 것이다. 서로의 활동이 상충되거나 방해되는 것이 아니라, 함께 어우러지면서 보다 많은 사회적 가치를 만들고 실천하는 것이다. 사회적 기업은 단순한 영리 추구가 아니라 소외계층의 해소, 기회의 균등, 양성의 평등, 소수자에 대한 인권보호, 환경보호 등 우리 사회가 추구해야 할 많은 다양한 가치들을 사업에 반영할 수 있고, 이를 통하여 우리 사회 전반이 긍정적인 영향을 받을 수 있다. 따라서 사회적 기업을 성장시키는 것은 어찌 보면 우리 사회의 기본적인 가치들이 함께 성장하는 것과도 같은 것이라 볼 수 있다. 거대 기업의 폐해, 환경파괴와 인간의 소외 문제 등 많은 자본주의 경제 체제의 문제점을 사회적 기업을 통해 효과적으로 개선하고 바꿔 나갈 수 있을 것이라고 본다.

마을 기업

마을 기업도 사회적 경제 영역의 주요한 분야의 하나로, 일자리 창출과 소득 증대를 목적으로 하는 곳이다. 다만 마을 기업은 마을이라는 물리적인 동질감을 가지고 있는 사람들이 주축이 되어 만드는 기업이라는 측면이 다른 점이라 할 수 있다. 즉 마을 기업의 구성원은 지리적으로 근방에 위치하고 있는 사람들로서, 지역 내 공동의 문제에 대한 인식이 비슷하고, 문화적·정서적 동질감을 가지고 있으면서 지역 내 이해관계에서도 공동의 의식을 가진 사람들이라고 할 수 있다.

보통 마을 기업은 우리가 알고 있는 행정구역상의 마을인 동, 리, 행정동, 자연생성 마을, 마을 연합 등에서 만들어진다. 마을 주민들이 전체 출자의 10% 이상을 차지해야 하고, 기업의 운영이나 의사결정 과정에 민주적으로 참여할 수 있어야 한다. 따라서 대부분의 마을 기업은 그 지역의 특산물을 이용하거나,

기술을 가진 장인을 중심으로 마을 사람들이 모여 사업을 시작하게 된다.

사실 마을 기업을 만들고 지원하게 된 가장 큰 이유는 바로 이런 지역 내의 자원을 활용하여 일자리도 만들고 소득도 창출하기 위해서였다. 대도시가 아닌 농촌, 산간, 어촌 등의 지역에서 경제 활동을 통해 새로운 일자리를 만들고 주민들의 소득으로 이어지게 한다는 것은 여간 어려운 일이 아니다. 단순히 생산만 잘한다고 되는 문제가 아니기에, 마을 사업을 통해 생산은 물론 유통과 마케팅, 브랜딩을 체계적으로 할 수 있도록 돕는다는 취지를 가지고 있다.

물론 마을 기업은 그 마을에서 필요로 하는 공공의 이익을 위한 사업도 해야 한다. 비록 경제적으로 꼭 이익이 되지 않는다 해도, 지역의 문제 해결을 위한 사업을 할 수 있어야 한다. 행정력이 미치지 않는 마을의 사각지대 문제 해결을 위해, 지역민 스스로 필요한 자원과 인력을 동원하여 마을 전체의 이익이 될 수 있도록 노력해야 한다는 마을 기업 탄생의 이유가 이것이기 때문이다. 이렇게 마을 단위, 지역 단위의 문제들이 해결되고 해당 지역의 자원들이 사업을 통해 상호 이익이 된다면, 우리나라 전체의 경쟁력과 일자리 창출 효과는 매우 높아질 것이고, 국민 전체가 그 이익을 나눌 수 있지 않겠느냐는 것이 정부의 의도이다.

이렇게 본다면 마을 기업도 사회적 기업에서의 경우처럼 지속 가능한 사업을 영위할 수 있어야 하며, 일정 부분 이익을 내면서 스스로 사업을 할 수 있어야 한다. 그러나 사업만이 아니라 지역 내 문제 해결을 위한 공익적인 부분도 간과할 수 없는 조직이라는 양면성을 가지고 있다. 그래서 사람들은 마을 기업을 제2의 새마을 운동이라고까지 말하고 있다.

마을 기업은 최소한 5인 이상의 출자자가 있어야 한다. 하지만 시장 경제로의 진입을 위해서는 그 이상의 더 많은 인원이 함께할 수 있어야 한다. 당연히 경쟁력을 높이기 위해 최대한 마을 사람들이 많이 참여하는 것이 좋다. 마을 기업은 대부분 농촌과 어촌에서 사업을 하고 있는데, 최근 많은 인기를 얻고 있는 로컬 푸드 사업처럼 소비자와 생산자 간의 유기적인 관계와 소통 구조를 가지고 있어야 한다. 대기업의 물량 공세에 효과적으로 맞서기 위해서는 마을 기업과 그들의 이해 관계자들 간에 탄탄한 의사소통 구조가 필수적이라 할 수 있다. 즉 소비자가 원하는 것이 무엇인지, 무엇을 더 고려해야 하는지, 얼마나 이익을 낼 것인지 등, 기업 운영 전반에 많은 대화와 소통이 이루어져야 한다.

출자자가 많은 것은 좋은 일이지만, 한 사람의 지분은 협동조합의 경우처럼 30%를 넘을 수 없다. 또 한 사람의 지분이 30%가 넘지 않는다 해도 한 사람과 특수 관계인, 즉 가족이나 친인척 같은 관계된 사람의 지분을 합쳐 50%가 넘는 것도 금지하고 있다. 당연히 마을 전체의 공동 이익을 위하여 일해야 한다는 개념 때문이다. 그리고 마을 기업은 사업 계획을 만들 때 반드시 마을의 자원을 활용하는 계획이 있어야 한다.

마을 기업은 기초 자치단체와 광역 자치단체 그리고 행정자치부가 공동으로 관리하는 주요한 지역 단위 사업체로, 처음 마을 기업으로 지정받기 위해서는 행정자치부의 승인을 얻어야 한다. 최근에는 단순히 마을의 자원을 이용하는 경제 형, 유통 형 마을 기업에서 지역의 문화와 복지, 마을 주민의 커뮤니티 구축 등의 사업을 영위하는 신 유형 마을 기업도 발굴하기 위해 노력하고 있다.

마을 기업으로 지정될 경우 1차 연도의 5천만 원, 2차 연도의 3천만 원 등의 금전적인 지원이 있고, 마을 기업의 제품을 우선 구매하는 방식의 지원, 우수 마을과 스타 마을로까지 성장할 경우 행정자치부 장관의 별도 지원, 지역 내에서도 마을 기업이라는 공공성을 앞세워 마케팅과 브랜딩에서 어느 정도 인지도를 확보할 수 있는 기회 등도 주어진다. 또한 주요 유통 채널인 백화점이나 대형 유통마트 등에 입점을 위한 판로 지원과 박람회 참가 혜택 등 다양한 사업 지원을 받을 수 있다.

세계적으로도 유명한 마을 기업들이 많다. 마을 기업은 '커뮤니티 비즈니스'라는 이름으로 세계 여러 곳에서 사업을 하고 있다. 특히 마을 기업이 유명한 나라는 일본이다. 일본에서는 1960년대부터 여러 지역에서 마을 기업들이 활동했다고 알려져 있다. 왜 일본에서 이렇게 마을 기업이 발달하게 되었는가는 여러 학자들의 연구 결과에 나타나 있는데, 경제 구조와 밀접한 관계가 있다. 일본 정부의 대기업 위주의 경제 정책이 일본 국가 경제를 견인하는 역할을 했다. 우리나라도 이런 일본의 경제 정책을 벤치마킹하여 중후장대 형의 대기업 위주 경제 정책을 펼쳐 국가 경제 발전을 이루고자 했다.

대기업 위주의 경제 정책은 정책의 결정 단계에서부터 실천 단계에 이르기까지 매우 일목요연하게 나타낼 수 있고, 통제와 관리가 잘되기 때문에 주어진 상황과 여건 하에서 효율적으로 성과를 이룰 수 있다는 장점이 있다. 하지만 현재 우리나라에서도 나타나는 단점이지만, 일본에서도 성장에 따른 분배 구조는 그리 효과적으로 잘 이루어지지 않았다는 비판을 받고 있다. 많은 사람들이 말하는 것처럼, 일본이라는 국가는 부자지만 국민은 그렇지 못하다는 것이 그런 현실을 반영한다. 특히 농촌이나 소외된 지역일수록 그런 분배 구조에서 더 멀어질 수밖에 없었다. 그와 같은 상황에서 마을 기업이라는 나름의 자구책이 나와, 지역에서 스스로 일자리와 성장의 문제를 해결하고자 노력했다. 그 결과가 바로 일본의 다양한 마을 기업의 출현이었다는 것이다.

일본의 마을 기업은 성공 사례도 많다. 그 중에서도 교토의 구미야마초 아슈 지구의 산촌인 '아슈의 마을'이 대표적인 성공 사례로 손꼽힌다. 세계적으로도 이름이 널리 알려진 이곳은 과거부터 숯을 만드는 마을이었다. 숯이라는 물건이 예전에는 수요가 많았을지 모르지만, 산업화가 진행되면서 1950년대 이후 석유나 석탄 같은 고효율의 연료들에 의해 점차 설 자리를 잃어 버리게 되었다. 당연히 마을은 먹고살 길이 막막해지기 시작했다. 그래서 생각해 낸 것이 숯을 만드는 나무를 이용한 '나메코'[25]라는 이름의 버섯을 재배하는 것이었다. 버섯 지식이 없던 마을 사람들은 여러 번의 실패 끝에 재배에 성공하여 지역 농협과 제휴 판로를 확보했다. 그 후 1980년대에는 1억 엔의 매출을 기록, 전국적인 주목을 받게 되었다. 이를 바탕으로 드디어 2006년에는 '아슈의 마을'이라는 이름의 회사까지 만들었다. 매출이 늘고 일자리와 소득이 생기자 마을을 떠났던 사람들이 다시 돌아오게 되어, 마을은 다시 사람들이 넘쳐나는 활기찬 곳이 되었다.

버섯 재배라는 일종의 신사업에 성공하여 마을 자체가 살아난 대표적인 사례이다. 우리나라에서도 이 같은 성공 사례들이 심심치 않게 나타나고 있다. 다만 이와 같은 성공 뒤에는 버섯 재배 기술이라는 넘어야 할 산이 있었다. 만일 이 마을에서 버섯 재배에 성공하지 못했거나 마땅한 유통 활로를 찾지 못했다면, 이 같은 성공 사례는 나오지 않았을 것이다. 그런 점에서 보면 운이 좋았다고 할 수도 있다. 우리나라 마을 기업들이 처한 어려운 현실을 생각할 때, 결국 기술 개발과 유통이라는 가

---

25   일어로 なめこ, 영어로 Funghi. 나도팽나무버섯이라는 생소한 이름의 버섯이며, 학명이 Pholita nameko이다.

장 단순하고도 중요한 요소를 충족시켜야 마을 기업이 성공할 수 있다는 것을 보여주는 사례이기도 하다. 물론 이런 문제는 한 마을의 힘만으로는 극복하기 무척 어렵다. 따라서 가장 기본적인 정부의 지원책은 바로 상품 생산과 유통이라는 지극히 단순한 것에서부터 시작해야 할 것이다.

요코하마의 '코닌다이타운 카페'도 성공 사례 중의 하나이다. 대도시 주변의 부심권이 그렇듯 요코하마의 변두리인 이곳은 일종의 베드타운이었다. 사람들은 직장을 다니기 위해 낮에는 회사가 있는 도심으로 떠나고, 잠을 자기 위해 밤에 들어오는 곳이었다. 따라서 낮에는 사람이 별로 없는, 활력 떨어지고 생기 없는 조용한 주거 지역이었다. 마을 사람들은 이런 조용한 마을의 모습을 바꾸기 위해 2005년 마을 주민이라면 누구나 들어와서 시간을 보낼 수 있는 소통의 공간으로 이 카페를 만들었다. 이곳에서 차를 마시며 이야기를 할 수도 있고, 주민들이 생산한 다양한 소품이나 생산물들을 사고 팔 수 있는 장터 같은 공간도 생기게 되었다. 처음엔 그저 차나 마시며 이야기를 나누려고 사람들이 들어왔지만, 지금은 100개가 넘는 업체들이 생산물을 가지고 나와 판매하는 일종의 백화점 같은 모습을 보이게 되었다. 카페가 출범할 때는 행정적인 도움을 받으며 운영했지만, 2007년 이후에는 완전히 자립하여 경쟁력을 갖춘 복합 공간으로 운영되고 있다.

우리나라 농촌의 경우도 '로컬 푸드 마켓'이라는 지역 농산물을 판매하는 공간으로 성공을 거둔 사례가 있다. 모든 지역에서 이런 매장이 성공한다는 보장은 없지만, 농민들 대부분은 자신이 생산한 작물을 판매할 루트를 원하고 있기 때문에, 비슷한 기능의 유통 채널은 계속해서 만들어질 수밖에 없다. 하지만 자생력을 갖춘 유통 채널로 성장하기 위해서는 보다 지역의 특성에 맞는 일종의 복합 공간으로서의 역할이 더 중요할 수 있다. 즉 도심 지역이라면 코넌다이타운 카페처럼 사람들을 이어 주는 카페 형, 백화점 형이 더 맞을 것이고, 인구가 많지 않은 농어촌에서는 마을 주민들이 원하는 교육시설 또는 노인시설, 건강센터 등의 모습이 더 맞을 것이다.

중요한 것은 처음부터 대규모의 하드웨어를 먼저 건설하는 것이 아니라, 그 지역에 맞는 콘텐츠가 담기고, 사람들이 이용하면서 스스로 필요한 것이 무엇인지 찾아 가는 과정이 반드시 있어야 한다는 것이다. 대부분의 농어촌 지역에 덩그러니 남아 있는 여러 유휴 시설들을 보면, 마을 기업이 하드웨어가 아니라 소프트웨어에 성공의 열쇠가 있다는 것을 알 수 있다. 하지만 아직까지 우리나라에서는 마을 기업이 자생적으로 성공한 사례를 찾기 쉽지 않다. 일본의 경우처럼 우리도 대기업 위주의 경제 구조와 중후장대 형의 중공업, 굴뚝 산업이 경제 성장을 주도하면서, 중소기업과 농어촌 마을은 아무래도 성장의 뒤안길로 가게 될 수밖에 없었다. 어느 정도의 성장을 이룬 지금 이제야 우리의 마을들도 살아야 하지 않겠느냐는 시대적인 요청이 생겨났다. 하지만 사실 우린 어떻게 해야 마을을 살릴 수 있는지, 경험적인 면에서나 기술적인 면에서 아직은 축적된 데이터가 절대적으로 부족하다.

하지만 이런 어려운 여건 속에서도 우리의 마을 기업들은 점차 늘어나고 있고, 경쟁력을 갖춘 곳도 속속 등장하고 있다. 2016년 말 기준으로 우리나라의 마을 기업은 모두 1,377개가 있으며, 점차 늘고 있는 추세이다. 이들 마을 기업 중에는 이미 연 매출 10억 원 이상의 실적을 올리는 곳도 있다. 성공적으로 마을 기업을 운영하고 있는 곳들을 살펴보는 것은 마을 기업의 미래를 보는 것 같아 무척이나 즐거운 일이다.

(1) 전북 완주군 로컬 푸드

마을 기업, 하면 거의 대명사처럼 되어 버린 곳이 바로 완주군의 로컬 푸드 매장이다. CB(Community Business) 센터를 일찌감치 만들어 관내의 자원이 무엇이 있는지, 어떻게 활용할 것인지를 마을 사람들이 모여 논의할 수 있는 장을 만든 곳도 바로 완주군이다.

잘 알려진 대로 완주군은 인구 9만여 명의 전형적인 농촌 지역으로, 처음 로컬 푸드 사업을 할 때 용진 농협 매장의 일부를 이용한 것이 시작이었다. 지역 소농들이 재배한 농작물을 판매할 수 있도록 농협 건물 일부를 리모델링했고, 이곳을 통해 지역의 농작물이 실시간으로 중간 유통 단계 없이 직접 소비자들에게 판매되도록 했다. 선진국에서는 탄소 배출을 줄이기 위한 방편으로 이미 오래 전부터 시행되던 로컬 푸드 사업이 우리나라에서도 이렇게 시작되었다. 처음 이 매장의 성공 여부에 대하여 반신반의하던 지역 주민들이 이제는 물건을 구입하기 위해 찾아오는 전국 각지의 소비자들을 상대로 생산자로서의 역할을 충실히 수행하고 있다.

완주군의 로컬 푸드 매장이 성공한 요인은 공동체를 기반으로 한 농민들의 조직화와 교육이라고 할 수 있다. 어느 지역이나 대부분의 농민들은 자신이 생산한 물품에 대하여 지나치게 자신감을 가지고 있거나, 상품성에 대해 막연한 신뢰를 갖기 마련이다. 내가 생산한 물건은 무조건 좋다거나, 누구나 좋아할 것이라는 생각을 한다. 하지만 실제 시장경제에서는 물품의 질도 중요하지만, 소비자와의 접점을 만드는 것이 매우 중요한 일이다. 즉 마케팅이 판매의 또 하나의 중심축이라는 것이다.

자신의 생산물 판매를 위해 노상에서 좌판을 벌이거나 농협의 구판장을 통해 아주 낮은 가격에 납품하는 경우가 대부분이던 지역의 소농들은 자신이 재배한 생산물에 대한 품질의 자신감이 충만함에도 불구하고 실제 소비자들에게 정당한 평가를 받는 경우가 거의 없었다.

완주군은 이런 현실을 타개하기 위하여 농민들에게 왜 품질

관리와 생산관리, 가격관리가 필요한지 알려주고, 이들이 일정한 그라운드 룰을 지킬 수 있도록 조직화했다. 즉 누구나 일정한 규정 준수를 통해 자신이 만든 물건을 판매할 수 있고, 만일 그 룰에서 벗어난다면 누구라 해도 판매에 제한을 받게 된다는 것이다. 무척 쉽고도 간단한 일 같지만, 규격화와 표준화는 실제 적용했을 때 저항이 무척 많은 일이다. 이곳에서도 그런 불만이 많았다고 한다.

예를 들어 사과라는 생산물로 이야기하자면, 서로 크기와 당도가 다른 사과는 분명 품질 등급이 다를 수밖에 없고, 소비자 가격도 다를 것이다. 그런데 실제 농촌에서는 그런 기준 자체가 없거나, 있다 해도 표준화된 기준에 미치지 못한 사과를 가지고 와서 좋은 등급을 받게 해달라는 억지를 부리는 경우가 있을 수 있다는 것이다. 농촌 지역 어디서나 있을 수 있는 일이듯, 지연과 인맥을 앞세워 좋은 등급을 달라는 압력을 행사하기도 한다. 그리고 농민 본인이 품질관리와 표준화에 소홀히 하여 상품의 질이 떨어지는 경우가 종종 발생했기 때문에 꾸준히 오랜 기간 표준화, 규격화를 위한 교육을 해야만 했다.

그런데 이런 노력의 결과가 상품으로 나오기 시작하자 소비자들이 먼저 알고 사가기 시작했다. 좋은 품질의 농산물을 싼 가격에 살 수 있고, 믿을 수 있는 지역 농민이 생산한 것이라는 신뢰가 있다면, 그 어느 소비자가 그 물건을 사지 않겠는가? 완주군 자체도 2010년부터 지원 조례를 제정하고, 주민들을 조직화하는 작업이나 교육에 수년 간 노력했다. 뿐만 아니라 농민들이 재배한 생산물을 1차 가공할 수 있는 가공 센터를 만들어, 실제 제품화하는 데 어려움을 겪는 농민들을 지원하기도 했다.

실제 농촌에서는 이런 사업의 필요성이 자주 제기되곤 한다. 내가 재배한 사과를 이용하여 사과 파이를 만들거나 사과즙을 만들어 인터넷 등으로 판매하고 싶은데, 막상 사업화하려면 여러 행정적인 절차와 식약처를 통한 신고와 인허가라는 쉽지 않은 장벽이 가로막혀 있기 때문이다. 완주군은 이런 농민들의 어려움을 해결해 주기 위해 행정적인 절차는 완주군이라는 행정 부분에서 맡았다. 그리고 레시피와 제품의 품질은 농민들이 책임지고, 판매는 전문 유통 채널에서 맡는 다각화 전략으로 다양한 생산품을 소량 다품종 생산하여, 인근의 대도시인 전주 시민들로부터 많은 사랑을 받고 있다.

(2) 경기 오산시 잔다리 공동체 마을

'잔다리'라는 명칭은 작은 다리가 많았다고 해서 붙여진 이름이라 하는데, 오산시의 세교동이 그곳이다. 2011년 마을 기업으로 지정된 이곳은 2015년에는 경기도에서 선정하는 사회적 경제 스타 기업으로 지정되었다. 그러면서 많은 이들이 알게 된 마을 기업이다.

잔다리 마을 공동체의 직원은 모두 이 마을의 주민으로, 제품 판매를 통한 이윤 추구보다는 나와 우리 가족, 우리 이웃들이 믿고 먹을 수 있는 건강한 먹거리를 만들기 위해, 주민 스스로가 생산과 소비의 주체가 되어 '잔다리 전두부'라는 특화된 제품을 생산, 보급하고 있다.

처음 이 마을 기업은 식당을 운영했었다고 한다. 그러다가 마을 주민들이 함께 동참하는 사업을 하려고 아이템을 고민하던 끝에, 마을에서 자라는 콩을 이용하여 두부를 만들기 시작했다. 지금은 두유까지 생산하고 있는데, 연 매출 10억이 될 정도로 자리를 잡았다.

오산이라는 지역은 완전히 농촌도 아니고 도회지도 아니다. 그렇기 때문에 대규모 농업으로 특화된 농산물을 재배할 여건이 좋은 것도 아니고, 대규모 인구가 거주하여 소비자가 넘쳐나는 지역도 아니다. 따라서 생산과 유통에 어려움이 있을 수밖에 없었다. 하지만 이곳은 그런 지역적 핸디캡을 오히려 마을 주민이 뜻을 모으고 힘을 합치는 데 더 요긴하게 잘 이용한 경우라고 할 수 있다. 지역에서 작은 규모의 농사를 짓는 사람이 콩을 가지고 오면, 그 콩을 가공하여 두부로 만들고, 그 두부를 주민들과 함께 나누어 먹기 시작한 것이다. 마을 공동체라는 지역적인 동질감에 이윤보다는 함께 나누는 공동체 이웃이라는 마인드가 조화를 이루어, 성공적인 마을 기업으로 성장한 예라고 할 수 있다.

(3) 부산 광안리 오랜지 바다

광안리 해수욕장 부근에 있는 이곳은 2014년 마을 기업으로 지정되었다. 3층짜리 작은 건물을 주 사업 무대로 삼고 있다. 1층에는 각종 전시물들이 있고, 2층과 3층은 지역의 젊은 청년들이 창작하는 공간으로 이용하고 있다. 이곳이 주목받은 것은 창작에 참여한 일반 시민들에게 수익의 일부를 나누어 주는 방식의 참신한 아이디어로 사업을 하고 있기 때문이다.

이곳을 찾은 소비자들은 자신이 직접 엽서 만들기 체험에 참가하여 제작한 엽서가 다른 소비자에 의해 팔릴 경우, 그 수익금의 일부를 받을 수 있다.

실제 매달 이런 방식으로 수익금을 받는 소비자들이 있고, 엽서뿐만 아니라 작은 소품이며 공예품 등도 판매하고 있다. 실제 수작업으로 만든 비누나 가죽가방 등의 제품들은 낮지 않은 가격에도 불구하고 친환경, 핸드메이드라는 강점을 이해하는 소비자들에 의해 구매가 이루어지고 있다.

출범 첫 해에 1억 원이라는 매출을 달성했고, 매달 매출액이 늘고 있다고 한다. 최근 화두가 되고 있는 청년 일자리 창출에도 한 몫을 하고 있다. 이곳에 작품을 보내오는 부산 지역의 청년 작업자들은 56명이다. 이들이 만든 700여 가지의 제품들이 전시되어 판매되고 있어, 실제 청년들의 소득에 기여하고 있다는 평가를 받는다.

(4) 전북 임실 치즈 마을

치즈 마을은 벨기에 출신 디디에세스테벤스(한국명 : 지정환) 신부와 심상봉 목사, 이병오 이장 등이 초기에 마을을 만들기 위해 헌신적으로 노력하여 성과를 낸 곳이다. 마을 기업은 마을 사람들의 의식 개혁과 사업에 대한 철학이 있어야 성공할 수 있다는 것을 보여주는 좋은 사례라고 할 수 있다.

1966년 지정환 신부가 이 마을에서 산양 두 마리를 키우면서 치즈 만들기를 시작했고, 느티나무 녹지 사업을 잘한 결과 '느티 마을'로도 불렸다. 그러다가 주민들이 마을 총회에서 '치즈 마을'로 개명하면서 지금에 이른다.

'사람이 꽃보다 아름다운 치즈 마을'이란 테마를 가지고 있는 이곳은 이익이 먼저가 아니라 더불어 사는 사회를 꿈꾸며, 바른 먹거리와 우리 아이들의 미래를 먼저 생각하자는 경영 철학을 가지고 있다.

이 마을에서 하고 있는 치즈 낙농 체험은 세계 최초로 유가공 공장과 그 공장에 납품하는 관리 목장과의 일대일 생산 방식으로 만들어지는 여러 낙농 제품을 직접 체험할 수 있는 프로그램이다. 이 마을이 유명세를 타면서 임실은 우리나라에서는 보기 드문 치즈와 낙농이라는 대표 브랜드를 가질 수 있게 되었다. 다른 여러 마을에서 이 마을의 성공을 계기로 비슷한 체험과 생산이 이루어지고 있어서, 이 마을은 우리나라에 낙농이라는 새로운 콘텐츠가 자리 잡게 해준 시범 마을 같은 존재가 되었다.

생산과 홍보, 마케팅, 판매를 모두 한 곳에서 해결하고 있어서 6차 산업의 전형이라는 평가를 받고 있다. 유제품 생산과 치즈 가공, 외식, 관광을 융합하여 연간 7만 명의 방문객이 찾아온다. 매출액은 매년 150억 원 가량 되는 성공적인 사업 모델이 되었다.

(5) 서울 마장동 고기 익는 마을

서울 성동구 마장동은 버스 터미널이 있던 곳으로도 유명하지만, 1950년 말부터 대규모 도축장과 경매장, 식당 등이 함께 있는 축산물 전문 시장으로 자리를 잡았다. 1998년 마장동에서 도축장은 사라졌다. 하지만 축산물 유통 시장은 지금도 건재하고 있으며, 수도권 한우 유통의 대부분을 담당하고 있다.

그렇지만 도매 시장이다 보니 대부분의 고기 유통이 끝나는 오전 시간이 지나면, 상가 인근은 지나다니는 사람이 거의 없는 썰렁한 동네로 변해 버렸다. 당연히 사람이 별로 없다 보니 상가 주변 지역이 모두 낙후될 수밖에 없었다. 이 문제를 해결하기 위해 2003년 상인들은 축산물 시장 진흥을 위해 마장축산물 협동조합을 설립했다. 그리고 2011년에는 '고기 익는 마을'이란 이름의 마을 기업으로 성장하게 되었다. 노량진 수산 시장에서 하던 방식대로 소비자들이 고기를 사서 인근의 식당 어디든 들어가 자유롭게 구워 먹을 수 있도록 하고, 식당들은 상 차림비를 따로 받는 방식으로 저렴하게 고기를 유통한 것이다.

마장동의 신선한 축산물이 시중보다 약 30% 정도 저렴한 가격에 팔리자, 당연히 사람들이 모이기 시작했다. 외국인들의 관광 코스로도 유명세를 타면서 매출도 3년 사이에 거의 다섯 배가 넘게 늘었다고 한다.

고기 익는 마을의 성공에는 지역 상인들과 행정을 맡은 관할 구청의 협치가 매우 중요한 요소였다는 점에서 주목을 받고 있다. 즉 상인들이 스스로 지역을 바꾸기 위해 팔을 걷어 붙였고, 이들의 성공을 위해 구청에서 재정과 행정적인 지원을 담당한 것이다. 이런 노력의 결과로 마장동 시장은 '문화관광 형 시장'으로 선정돼 3년간 총 18억 원을 지원받았다. 2015년에는 중소기업청의 승인을 받아 예산 15억 원을 확보하기도 했다.

고기 익는 마을이라는 마을 기업의 성공에는 상인들이 만든 협동조합도 큰 몫을 담당했다. 시장 상인들은 축산물의 유통을 효과적이고 원활하게 할 수 있도록 협동조합을 만들었고, 고기 익는 마을을 통해 공동으로 유통할 수 있도록 서로 협력함으로써 성공이 가능했다는 분석이다.

(6) 경남 남해 두모 마을

두모 마을은 경남 남해 상주군에 위치한 유채꽃과 메밀꽃 군락지로 유명한 관광지이다. 유채꽃으로 유명한 다른 지역과 달리, 이곳은 계단식으로 만들어진 유채꽃 군락을 가지고 있어 이국적인 색다른 느낌을 준다. 그리고 유채꽃 군락지에서 멀리 남해 바다가 보이기 때문에 아름다운 풍경으로 유명해서 많은 사람들을 불러 모으고 있다. 이곳이 마을 기업으로 알려진 이유는 70가구 120명의 마을 사람들 모두가 마을 기업의 일원으로 가입되어 있기 때문이다. 말 그대로 마을 사람 모두가 마을 기업의 주인인 셈이다.

단순한 체험 마을이 아니라 사업하는 마을 기업으로 조직을 갖춘 뒤 여러 콘텐츠들을 첨가하여, 그냥 사람들이 왔다 가는 것이 아니라, 오랫동안 머무를 수 있는 마을로 만들어 갔다. 약 2만 평의 메밀꽃 단지에는 체험뿐 아니라 가을 추수를 통해 메밀 생산도 하고 있다. 이곳에 많은 관광 시설과 인프라가 있는 것은 아니지만, 자연 그대로를 사업의 원천으로 삼아 남다른 콘텐츠를 접목하여 성공한 마을 기업으로 꼽히고 있다.

이렇게 성공적으로 잘 운영되는 마을 기업들도 있지만, 많은 마을 기업은 운영에 어려움 겪고 있는 것이 현실이다. 사실 마을 기업이 사업을 통해 자생력을 갖추고 마을의 공동 의제를 찾는 것은 쉬운 일이 아니다. 가장 큰 애로사항은 역시 사업의 지속성과 수익 창출이다. 이 문제가 해결되지 않으면 마을 기업을 만들기 위해 처음 뜻을 함께했던 마을 사람들도 시간이 가면서 점차 이탈하는 경향을 보이게 된다. 이런 경영상의 문제를 해결하기 위해서는 역시나 마을 기업에 참여하는 주민들이 의식을 가지고 참여할 수 있도록 기업 운영에 대한 기본적인 교육이 필수적이다.

마을 친목회나 단순한 마을회와 달리, 마을 기업은 시장 경제의 치열한 경쟁 상황에 진입해야 한다는 것을 인식하지 못하는

경우가 많다. 마을 기업이 기업으로서의 활로를 찾지 못하면 존립
의 근거가 사라진다는 상황을 직시하고, 어떻게 하면 기업으로서
지속적으로 존립하고 본래 의도했던 목적 사업을 통해 살아남을
수 있을까를 고민해야 한다. 그리고 마을 기업의 가장 기본적인
덕목은 그 지역 주민들의 참여이다. 해외에서는 마을 기업이 꼭
수익을 내는 사업을 하지만은 않는 경우도 있다. 마을에서 해결해
야 할 문제를 공동으로 고민하는 경우도 있고, 탄탄한 공동체를
만들기 위해 마을 기업을 운영하는 경우도 있다. 이렇게 지역 문
제를 공동으로 해결하기 위해 애쓰다 보면 외부 지원을 받을 수
있고, 이를 통해 기업이 유지될 수도 있다.

달리 말하면, 마을 기업은 존립 자체가 성공일 수 있다. 사업을
통해 수익이 나지 않아도, 마을 기업에 참여하는 주민들이 자발적
으로 처음 설립 목적에 맞게 기업을 끌고 나가는 것이 매우 중요
하다. 이런 이유 때문에 일반 기업들보다 더 많은 다양한 일들을
지역에서 할 수 있는 것이 바로 마을 기업이다. 각 지역의 특색과
처한 환경에 맞게 하고 싶은 일들과 할 일들을 찾아 지속적으로
사업을 전개한다면, 수익도 날 수 있고 지역 주민들이 자발적으로
참여하는 마을 기업으로 존립하는 데 성공할 수 있다.

이렇게 지역 문제를 해결하는 마을 기업들이 많아지면, 우리나
라 전체적으로 각 지역의 특색에 맞게 다양한 사업을 전개하는
마을 기업을 곳곳에 갖게 될 것이다. 그러면 행정력이 미치지 못
하는 사업 영역이나 일반 시장 경제 영역으로 풀 수 없는 지역의

여러 문제들을 해결할 수 있는 건전한 지역 공동체가 늘어나는 셈이고, 국가 전체적으로 균형 발전을 꾀할 수 있다.

마을 기업은 세계적으로 점차 중요성이 증대되는 사회적 경제의 영역이라고 할 수 있다. 앞서 살펴본 것처럼 일본이나 우리나라처럼 대기업 위주의 경제 체제를 가지고 있는 나라의 경우엔 더욱 그렇다. 당장 현실적으로 마을 기업들이 일반 기업들과 경쟁에서 승리할 수 있는 여건은 아니지만, 마을 기업이 지속적으로 성장할 수 있도록 정부에서 지원하는 것도 이런 이유 때문이다. 우리나라 전체적으로 보면 대기업이나 일반 시장 경제 주체들의 활동을 통해 얻는 이익보다, 어쩌면 향후 마을 기업을 통해 얻게 될 유무형의 이익이 더 많을 수 있다. 낙후된 시골 마을을 행정적으로 접근하여 개량하고 개선하는 것보다 훨씬 더 큰 효과를 마을 기업을 통해 얻을 수 있기 때문이다.

많은 사람들은 마을 기업을 지원하는 가장 실질적인 방법으로 중간 지원조직을 꼽고 있다. 마을 기업의 지속적인 성장을 위해서는 중간 지원조직이 반드시 필요하다고 역설한다. 중간 지원조직은 사회적 경제 영역에 속하는 여러 조직을 육성하는 인큐베이터 기능을 수행하며, 국가 기관 및 공공조직에서 실시하는 공모 사업에 이들 조직이 지원할 수 있도록 각종 자원을 제공하는 역할을 하는 곳이다. 이러한 중간 지원조직은 마을 기업처럼 일반 시장 경제 기업에 비해 경영 기반이 취약한 사회적 경제 영역 기업의 운영에 큰 도움을 줄 수 있다. 마을 기업 같은 지역 공동체 사업은 사업 운영을 위해 금융, 영업, 기술 등 여러 분야의 지원이 매우 중요하다. 그렇지만 사회적으로나 제도적으로 이를 지원해 줄 수 있는 금융 기관이나 컨설턴트가 마땅히 없기 때문에, 이러한 역할을 담당할 중간 지원조직의 중요성은 더 말할 나위 없을 정도이다.

이런 중간 지원조직이 전국 어느 지역에나 다 있는 것은 아니다. 또한 지역의 여건에 따라 지원하는 방식이나 운영 내용도 다를 수 있다. 즉 중간 지원조직의 규격화된 매뉴얼은 없는 셈이다. 중간 지원조직이 성공적으로 마을 기업을 이끌어 내기 위해서는 조직과 기획, 마케팅 등의 전문가들로 구성된 멘토 단을 만들어 직접 컨설팅하는 것은 물론, 마을에 깊이 들어가 이들과 함께 생각하고 호흡할 수 있는 행동력 있는 전문가들이 대거 투입되어야 한다.

당연히 이런 일에는 많은 예산이 들어갈 수밖에 없고, 성공 보장도 그리 높지 않은 편이다. 이런 어려움 때문에 중간 지원조직에 대한 회의적인 반응들도 있는 것이 사실이다. 그러나 마을 기업은 선 교육, 후 지원이 가장 중요한 원칙이다. 아무리 좋은 아이템과 의지를 가지고 있는 주민들이라도, 조직화하지 못하고 마을 기업에 대한 이해를 가지지 못하면 사업은 성공하기 어렵다. 심지어 외부에서 다른 사업을 하거나 교수로 재직하여 나름 해당 분야의 전문가라 할 수 있는 사람들로 구성된 마을 기업도 사업을 진행하면서 만나는 여러 어려움을 극복하지 못하고 실패하는 경우가 많다. 마을 기업이 주민들의 조직화와 공동체 의식으로 뭉치지 않고는 존립이 어렵다는 것을 말해 주는 것으로 주민들의 사업에 대한 이해도도 높여야 하지만, 지역 공동체의 일원으로 모두 다 함께한다는 의식을 반드시 갖게 해야만 한다. 이런 의식은 교육을 통하지 않고는 만들어지지 않는다.

또한 사업 중간에 발생하는 여러 문제들과 지원 정책들을 이해하고 자신들의 사업에 맞는 해결책을 찾도록 도와주는 역할도 중간 지원조직에서 맡아 주어야 한다. 국비를 지원받을 때 일회성으로 한두 번 하는 컨설팅이 아니라, 지속적으로 사업이 성공할 수 있도록 효과적인 컨설팅과 지원을 해주어야 한다. 조직화 교육만이 아니라 재무회계에서부터 영업 마케팅까지 도움을 줄 수 있어야 정말 잘하는 중간 지원조직이라 할 수 있을 것이다.

자활 기업

자활이라는 개념은 다소 독특하고 일반인들에게 는 생소한 개념이다. 정부에서는 경제적으로 혼자 사는 것이 어렵고 힘든 빈곤층을 국민기초생활보장법에 따라 수급자라 하여, 최저 생활이 될 수 있도록 따로 관리하고 있다. 또한 수급자는 아니어도 그 바로 위의 소득 수준을 가진 경제 약자, 즉 차상위 계층 역시 최저 생활이 될 수 있도록 도와주 고 있다. 그러나 이들 수급자와 차상위 계층에 대한 지원이 시 혜적이고 일시적인 경우가 많아, 경제 빈곤에서 벗어날 수 있게 도와주는 것에는 한계가 있었다.

특히 1997년 불어닥친 IMF 경제 위기를 통해 많은 사람들이 일자리를 잃으면서 길거리로 내몰리게 되었다. 이 과정에서 이 혼, 아동과 노인의 유기, 가출, 노숙, 결식아동의 증가 등 각종 사회병리 현상을 야기시켜 빈곤 문제가 사회적 이슈로 부각되 었다. 1961년에 제정된 생활보호법은 이런 사회병리 현상을 효과적으로 대처하기엔 미흡해 보였다. 즉 이 법은 대상의 포괄성, 급여의 적절성, 대상자 간의 형평성, 제도의 효율성과 생산성이라는 측면에서 문제를 갖고 있었던 것이다.

'자활'이라는 말은 스스로의 힘으로 살아간다는 의미를 가지고 있다. 비록 지금은 어려운 처지에 놓여 있지만, 그에게 살아갈 수 있는 방법을 가르친다면 스스로 그 어려움을 극복할 수 있지 않겠느냐는 말이다. 즉 물고기를 주는 것이 아니라, 물고기 잡는 법을 가르쳐 주자는 것이다. 이것은 신체적, 정신적 장애를 가진 사람이 기능을 회복한다는 의미의 재활과는 많이 다른 개념이다.

근로 능력이 있는 수급자[26] 중에서 자활 사업에 참여하여 일을 하면서 소득을 올리고, 장차 스스로 사업을 하거나 직장을 구할 수 있도록 하자는 정책이 자활 사업이다. 여기에 참여하는 사람들을 '자활 사업의 대상자'라고 부른다. 다만 이들이 사업에 참여하여 소득이 발생되면 수급자의 소득 기준을 넘을 수 있다. 이럴 경우에 특례자로 분류하여, 수급자의 자격은 유지하면서 소득을 올릴 수 있도록 배려하고 있다.

자활 사업을 하기 위해서는 자활 기업으로 등록해야 하는데, 이런 자활 사업을 할 수 있도록 도움을 주는 지원조직이 바로

---

26 기초생활수급자 자격 요건은 소득 인정액과 부양 의무자 기준을 충족해야 한다(교육 급여 제외). 2017년 11월부터 부양 의무 기준이 단계적으로 폐지되었다. 1단계(2017년 11월) : 수급자 및 부양 의무가 가구에 중증 장애인 또는 노인이 포함된 경우(부양 의무자 가구는 소득. 재산 하위 70%로 제한), 2단계(2019년 1월) : 부양 의무자 가구에 중증 장애인(장애인 연금 수급자)이 포함된 경우, 3단계(2022년 1월) : 부양 의무자 가구에 노인(기초연금 수급자)이 포함된 경우. 소득 인정액은 개별 가구의 소득 평가액과 재산의 소득 환산액을 합산한 금액과 재산, 소득을 일정 비율로 환산한 금액이며, 국민기초생활보장제도와 기초연금 등에서 수급 기준으로 활용하고 있음

지역 자활 센터이다. 1996년 시범적으로 처음 전국에서 5개의 지역 자활 센터가 문을 열고 사업을 시작했다. 그리고 2000년 국민기초생활보장법이 발효되면서 지역 자활 센터는 각 지역에 자리를 잡게 되었다. 서울에만 30개의 센터가 있고, 자활 기업으로 가기 위한 전 단계인 자활 근로사업단과 자활 기업이 각각 320개와 200개가 있다.

자활 기업의 사업 종류에는 제한이 없다. 즉 어느 사업이나 다 할 수 있다. 다만 참여 대상자들이 대부분 근로 능력은 있지만 정상적인 직장을 가질 수 없는 상황인 경우가 많아, 비교적 간단한 분야로 진출하는 경향이 많다. 물론 자활 기업도 기업이기 때문에 사업이 자생력을 가지고 지속적으로 이어져야 하고, 이익을 낼 수 있어야 한다는 것은 당연한 일이다. 현재 자활 근로사업은 시장 진입 형, 인턴 형, 사회적 일자리 형, 근로 유지 형 등으로 실시되고 있다. 지역에 따라 사회복지관, 자원봉사 센터, 대학 연구소 등을 후견 기관으로 하여 사회 적응 프로그램을 운영하는 경우도 있고, 취업 알선과 직업적응 훈련 등을 하고 있는 경우도 있다. 자활 사업은 보건복지부 소관이다. 신규로 시장에 진입하고자 하는 자활 근로사업단은 원칙적으로는 사회 서비스 형의 사업을 의무적으로 해야 한다. 이후 매출액이 처음 투입된 예산의 30% 이상이 되면 시장 진입 형 사업단으로 전환되고, 이후 2년 이내에 자활 기업으로 창업하도록 유도하고 있다. 2013년 현재 이런 식으로 자활 사업에 참

여하는 사람은 약 1,277,000명 정도 되었다.[27]

자활 기업이 되기 위한 일정한 요건을 갖추게 되면, 정부에서는 사업에 필요한 여러 지원을 해주고, 창업 이후에도 다양한 방법으로 지원하고 있다. 여기서 말하는 일정한 요건이란 기업의 구성원 중에 기초생활보장 수급자가 1/3 이상이어야 한다는 점(구성원은 1인이어도 됨)과 모든 구성원에게 70만 원 이상의 수익금 배분이 가능해야 한다는 점, 근로자들의 일하는 일수가 주당 평균 3일 이상 근로에 종사하거나, 주당 평균 4일 이상의 기간 동안 22시간 이상의 근로에 종사하는 등의 기준에 충족되어야 한다는 것이다.

이런 요건들이 충족되면 자활 기업에 창업자금을 지원하고, 사업자금을 융자해 주며, 국·공유지의 우선 임대는 물론 국가 또는 지방자치 단체에서 조달 물품 구매 시 자활 기업 생산품을 우선 구매하는 등의 지원을 하게 된다.

하지만 우리 주변에서 자활 기업이 일반 기업들과 경쟁하여 시장에서 자리 잡는 경우는 그리 많지 않다. 자활 기업은 경제적으로 어려운 사람들에게 일자리를 제공하고 기술을 전수하며 지속적인 기업 유지로 탈 수급과 탈 빈곤을 유도한다는 정책적인 기본 모토 때문에, 자활 기업을 창업하는 일에 대부분의 관심과 정책적인 지원이 몰려 있다. 일단 기업을 창업한 후

---

27 2013년 1월부터 자활 사업 대상자 수는 지속적으로 감소되었고, 감소 추세는 2014년까지 이어졌다. 이에 따라 2013년 12월 기준, 1,277,668명이던 자활 사업 대상자 수는 2014년 12월 1,256,139명으로 줄어들었다. (사회보장정보원 : 통계로 보는 사회보장, 2015)

에 일어나는 다양한 시장에서의 변수와 치열한 경쟁 상황을 고려하여, 창업 후에도 지원이 있어야 하겠지만 현실적으로 그렇지 못한 것이다.

또한 우리나라의 시장 상황이 다른 OECD 국가들에 비해 자영업자의 수가 지나치게 많다는 점도 자활 기업에게는 불리한 점이다. 자활 기업 대부분이 일반 자영업, 특히 소규모 자영업 형태로 창업하게 되는 경우가 많아, 시장의 영세 자영업자들과 치열한 경쟁 관계로 들어갈 수밖에 없다. 일반 시장 경제에서의 경쟁은 아무래도 기존의 자영업자들이 유리한 것이 사실이다.

또한 자활 사업이 국민기초생활보장법[28]의 제도화 아래 들어가면서, 조건이 되는 수급자들은 의무적으로 자활 사업에 참여하도록 강제되었다는 점도 불리한 점이다. 사업 역량이 부족하고 본인의 의지가 없는 사람들이 의무적으로 사업에 합류하는 것이 전체 자활 사업에서 오히려 경쟁력과 활력을 떨어뜨리는 요인이 될 수 있다는 것이다. 정부에서는 자활 사업에 참여하는 대상자들이 의무적으로 자활 기업을 설립하도록 강제하지는 않지만, 자활 센터는 의무적으로 3개 이상의 자활 기업을 설립해야 한다는 조항을 두어, 일종의 '보여주기 식'의 사업을 하라고 등을 떠밀고 있는 것은 아닌가 하는 비판이 나오고 있다.

---

28 가난, 실직, 사고, 질병 등으로 본인의 생계를 유지할 능력이 없게 된 모든 국민에게 최소한의 생계를 국가가 보장해 주는 사회제도이다. 생계, 교육, 의료, 주거, 자활 등의 기본적 생활을 영위할 권리를 보장해 준다. 인간의 최저 생활을 보장하고 자활을 조성할 목적으로 2000년 10월 1일부터 본격 시행했다.

그렇지만 자활 기업이 운영상 어려운 가장 중요한 이유는 제도상의 허점에 있다. 현재 우리나라의 국민기초생활보장제도는 수급자에서 탈락되는 순간 그동안 누리던 수급자로서의 보장을 누리지 못하게 되어 있다. 만일 자활 사업을 통해 본인의 급여가 높아진다면 언제든지 자신이 수급자에서 탈락할 수 있다는 불안한 마음을 가지고 있는 사람들이 많다. 우리나라는 지난 2015년 기초생활보장제도를 통합 급여 시스템에서 개별 급여, 맞춤형 급여[29]로 변경했다. 이전에는 수급자의 기준에서 단돈 1원만 초과되어도 모든 보장을 받을 수 없었다. 하지만 이젠 보장되는 급여를 분리하여, 수급자 요건에서 벗어나더라도 어느 정도의 혜택을 볼 수 있도록 하고 있다. 그러나 여전히 수급과 탈 수급 사이에서 사람들은 혼란을 겪고 있고, 행정적인 불편, 시행상의 난점 등이 있어, 탈 수급을 통한 사회로의 복귀보다는 그대로 수급자 상태로 남아 있기를 바라는 경우가 여전히 높은 편이다.

복지 사각지대를 해소하겠다는 취지에서 거창하게 실시된 이 개별 급여, 맞춤형 급여 제도 역시 여전히 사각지대에 남아 있는 사람들에게 큰 도움이 되지 않고 있으며, 빈곤층의 탈 수급을 유도할 수 있을 만큼의 유인을 가지지 못하고 있다는 평가를 받고 있다. 어렵게 일을 하면서 시장경제의 날카로운 경쟁에

---

29 맞춤형 급여란 기초생활 수급자의 가구 여건에 맞는 지원을 위하여 생계급여, 의료급여, 주거급여, 교육급여 등 급여별로 선정 기준을 다르게 하는 것이다. 기존에는 가구의 소득이 최저 생계비 이하인 경우에만 생계, 의료, 주거, 교육 급여 등 모든 급여를 지원해 왔다. 하지만 맞춤형 급여 개편을 통해, 소득이 증가하여 기준을 초과하더라도 수급자의 상황에 맞춰 필요한 급여는 계속 지원해 주는 것이다. (보건복지부 업무 계획)

서 살아남기 위해 혼신의 노력을 하는 것보다는, 조금 불편하고 자존심이 상하더라도 수급자 상태로 있는 것이 낫겠다고 생각하는 사람이 많다면, 자활 기업이 성장할 수 있는 동력은 많이 떨어질 것이다.

그래도 자활 기업은 사회적 경제의 가장 상징적인 존재임에 틀림없다. 자활은 사회적 기업 육성법이 나타나기 이전부터 활동했던 사회적 경제 분야의 사업으로서, 참여하는 사람들과 기업의 목적이 다른 사회적 경제 영역보다 훨씬 명확하다. 즉 사회적 경제의 가장 큰 목표인 함께 잘사는 사회를 만들자는 점에서, 빈곤층의 자립을 유도하는 자활 사업이야말로 가장 적절한 사회적 경제 조직이라 할 수 있다. 물론 협동조합처럼 오랜 역사와 조직을 갖추고 세계적으로 많이 운영되고 있는 사회적 경제 분야는 아니지만, 탈 빈곤이라는 명확한 목표 때문에 성공적으로 운영될 수만 있다면 우리 사회 전체의 불안 요소를 제거하는 중요한 조직이 될 것이다.

자활 사업은 사회복지 영역에서 봐도 매우 중요하고 특이한 조직이다. 대부분의 사회복지 영역은 시혜적이며 정책적이고 행정 위주의 관리업무로 되어 있다. 또한 한 번 사회복지 영역으로 편입되어 지원하게 되면, 세상이 크게 바뀌지 않는 한 계속하여 국민들이 낸 세금이 지원으로 투입되어야 한다. 그래서 많은 국민들이 사회복지 영역을 곱지 않은 분야로 생각하는 경향이 나타났다. 즉 생산성에는 별 도움이 되지 않는데 세금은 엄청 투입되는 낭비적인 분야라는 생각이다. 사회복지 분야에 국민의 혈세가 투입된다는 점에서, 그리고 그 비중이 점점 커지고 있다는 점에서 국민들의 불만은 앞으로 더 커질 수밖에 없다.

하지만 자활 기업은 이 같은 사회복지 분야와는 조금 다르다. 비록 지금은 어려운 상황 하에서 지원을 받지만 본인의 힘으로 다시 일어설 수 있는 힘을 기르고, 결국 더 이상 누구의 도움을 받지 않으면서 당당하게 경제 사회의 일원으로 활동하는 것을 목표로 하는 곳이다. 또한 일정 부분 본인이 번 소득을 사회에 환원하기까지 한다. 그리고 비록 처음 자금 지원을 받을 때는 행정적인 지원과 서류의 작성, 관리·감독을 받지만, 사업을 해나가면서 일반 시장경제 영역의 다른 사기업들처럼 관의 행정적인 지원에서 점차 독립하게 된다. 진정한 빈곤의 탈출과 당당한 사회로의 복귀를 목표로 한다는 점에서 자활 사업의 매력은 참 크다.

중앙자활센터와 보건복지부에서는 자활 사업을 통해 성공적으로 시장 경제에 진입하여 성공적으로 사업하고 있는 사람들을 선정하여 '자활 명장'이라는 칭호를 붙여 주는 제도를 운영하고 있다. 자활 기업의 성공이 어렵다고는 하지만, 이렇게 사업화에 성공하여 탈 수급은 물론 오히려 어려운 이웃들을 도와주게 되는 경우를 보면, 자활 사업이 가지고 있는 빈곤 탈출과 사회 복귀라는 의의를 잘 보여주는 선례라고 하겠다.

2017년 제9대 자활 명장으로 선정된 서울 은평구에 위치한 자활 기업 '다솜 도시락'의 김순덕 대표의 경우, 처음 자활 사업에 참여할 때는 기초생활 수급자였는데, 자립에 성공하여 종업원 14명이 일하는 기업의 오너가 되었다. 김 대표는 2004년 처음 자활 사업에 대상자로 참여했고, 조리사로서의 역량을 쌓아 2005년 도시락을 만들고 배달하는 기업인 다솜 도시락을 창업했다. 그녀는 창업 이래 이 회사를 경영하면서 지역의 결식아동과 독거노인에게 도시락을 배달하는 등, 수익 사업뿐 아니라 취약 계층을 돕는 사회공헌 활동도 꾸준히 하고 있다. 'SK 행복을 나누는 도시락' 서부 센터로 선정되기도 한 그의 회사는 월 8,000여 개 결식아동 도시락 공급, 지역아동 센터에 월 4,000인분의 급식을 공급하는 등, 연 10억 원의 매출을 목표로 열심히 일하고 있다.

제5대 자활 명장이었던 클린 서비스를 하는 제주시의 자활 기업 '보금자리'의 김영미 과장의 경우는, 비록 회사 대표는 아니지만 훌륭하게 자활 사업을 수행하고 있어 선정된 사례이다. 자활 기업 중에서도 업무의 난이도가 높고 위험한 일이라는 평가를 받는 전문 청소 분야에서 자신의 능력을 펼치고 있는 그녀는 자활 사업단에 참여해 기술을 습득한 후, 건물 외벽을 타고 유리창을 청소하는 등, 고층 건물의 외벽 청소를 전문으로 하는 사업을 성공적으로 수행하고 있다. 제주도에는 이와 같은 특화된 건물 외벽 청소업체가 많지 않아 인기가 높다. 그녀는 높은 건물 외벽에 로프를 타고 청소 작업을 할 수 있는 유일한 여성 기술자라고 한다.

그녀는 이외에도 방역, 바닥 청소 등 다양한 분야에서도 업무를 처리하고 있다.

앞으로 빈곤 문제가 완전히 해결되지 않는 한, 자활 기업은 계속해서 활동하게 될 것이다. 자활 기업이 만들거나 서비스하는 분야는 우리 주변에서 흔히 볼 수 있는 생활 형 사업들이 많기 때문에 더 많이 보게 될 것이다. 그리고 그들 중에는 자활 명장처럼 해당 분야의 전문가로서 어쩌면 시장을 선도하는 사람도 있을 수 있다. 그렇게 되는 것이 결국 자활 기업도 살고 빈곤 문제도 해결하는 길이다. 즉 자활 기업이 잘되는 것은 우리나라의 빈곤 문제를 해결하는 정책적 해결책이 되는 것이다. 다만 경제적 약자들은 앞으로도 대기업이나 정부 지원에 기대서 살 수밖에 없기 때문에, 자주적인 의사결정이나 실무 능력 배양에 한계가 있다.

지역 주민들의 자활에 대한 이해가 부족하고, 오히려 색안경을 쓰고 보는 시각도 문제이다. 생활 밀착 형 아이템이 많은 자활 사업 특징상 지역의 골목상권에 사업장이 들어서는 경우가 많다. 해당 지역에서 자신이 운영하는 것과 비슷한 업종의 자활 기업이 들어설 경우, 주민들이 소극적인 태도를 취하거나 아예 들어서지 못하도록 반대하는 경우도 있다. 자활 사업은 이렇게 지역 주민의 인식 부족과 기존 사업자들의 저항으로 많은 어려움을 겪고 있다.

자활 사업은 경제적인 약자들이 노동권을 얻는 중요한 기능을 수행한다. 자활 사업은 우리 누구나 어려움에 직면하게 될 경우 다시 일어설 수 있는 가장 효과적인 법률적, 제도적 지원 장치로서 사회 안전망 역할을 하고 있다.

따라서 지금까지처럼 자활 기업을 만드는 일에만 치중할 것이 아니라, 향후 어떻게 운영할 것인지, 어떻게 지원하는 것이 좋을지에 더 집중해야 한다고 본다. 그러기 위해 당사자인 지역자활센터 협회와 참여 주민의 의견을 듣고, 미래 지향적인 지원책을 마련해야 할 것이다. 자활 사업은 '이익보다 사람이 먼저'인 사업이다. 따라서 앞으로 중요한 사회적 경제 영역의 핵심으로 자리매김을 할 것이다. 언젠가 자활 기업들이 세계적인 수준의 기술력과 영업을 가질 수 있는 날이 와서 국가 경제에 도움이 될지도 모른다.

영농조합 법인과
농업회사 법인

사회적 경제 영역이라는 구분에 반드시 포함되지는 않지만, 영농조합 법인과 농업회사 법인이라는 다소 특이한 사업체가 있다. 도심 지역에서는 보기 힘든 법인들이다. 농촌이나 어촌에 있는 이들 기업은 일종의 지역 특화 법인이라고 할 수 있다. 여타 다른 사회적 경제 영역의 사업체들과 달리, 사업을 하려는 주체가 누구인지, 그리고 그 주체의 의지가 무엇인지에 따라 설립을 달리하는 조직이다. 외형만 놓고 보면 사업을 통한 이익 추구를 목적으로 하는 곳이지만, 일반 자본주의 경제 체제의 주식회사와는 조금 다른 의미를 가지고 있다. 법률에서는 영농조합 법인은 민법상 조합에 관한 규정을 준용하고, 농업회사 법인은 상법상 회사에 관한 규정을 준용하고 있다.

영농조합 법인은 협업을 통한 사업을 주된 목적으로 하는 조합 조직이다. 농업·농촌 기본법 제15조에 의한 특수 법인으로서, 법인 설립에 따른 별도의 인가나 허가가 필요 없이 자율적으로 설립할 수 있다. 법적 설립 요건을 갖추어 설립등기함으로써 효력이 발생하는 영농조합 법인은 농업인 5인 이상이 조합 법인 설립을 발기하고 설립에 필요한 절차를 준비해야 한다. 즉 반드시 농민[30]이 설립해야 한다는 조건이 붙는다. 농업회사 법인은 협업의 의미보다는 기업적 경영을 통한 사업을 하려는 조직으로서, 농업 경영, 농산물 유통·가공·판매, 농어촌 관광휴양 사업을 하려는 목적으로 설립하는 법인이다. 농민이 1인 이상은 포함되어 있어야 설립이 가능하다.

 정부에서는 농업 분야의 활성화를 위하여 두 법인에게 여러 가지 지원을 하고 있다. 무상 보조금과 저리의 사업자금 대출, 각종 시설 제공 등의 혜택을 준다. 아울러 영농 과정에서 발생한 소득에 대하여 농업법인소득세 전액 면제 및 감면을 실시하고, 농업용 기자재 등에 대해 부가세 면세나 영세율 적용, 환급 지원 및 농업용 유류 구입의 혜택도 있다.

 이 두 법인은 현물 출자의 용이성과 주주 구성, 그리고 확보해야 하는 농업인의 인원에 대해 약간의 차이가 있다. 농업회사 법인의 경우 현물 출자를 할 때에는 감정평가사로부터 평가를 받은 후에 법원의 보고를 거쳐 최종적으로 판사의 허락이 있어야 한다. 반면에 영농조합 법인은 이와 같은 과정을 거치지 않아도 되기 때문에 출자 면에서 유리한 점이 있다.

---

30 여기서 말하는 농민이란 1천 제곱 미터 이상의 농지를 경영하거나 경작하는 사람 또는 농업 경영을 통한 농산물의 연간 판매액이 120만 원 이상인 사람이거나, 1년 중 90일 이상 농업에 종사하는 사람을 말한다.

이렇게 두 조직을 통해 농업을 활성화시킨다는 말은 개인 혼자 성공하기 어려운 농업 분야에 보다 많은 인적, 물적 네트워크 구성을 통해 사업을 전개해야 성공 확률이 높을 것이라는 정부의 의도가 포함되어 있다고 봐야 한다. 최근 귀농, 귀촌하려는 사람들이 꽤나 있는데, 이들이 보다 효과적으로 농업에 진출하도록 돕고, 농업 관련 사업을 통해 본인이 목표로 한 성과를 보다 원활하게 달성하도록 돕는다는 정책적 배려라고 봐야 할 것이다. 농촌의 경영 효율을 고려한 이러한 경영 조직은 1990년에 도입된 것으로, 전통적인 우리 농촌의 가족 중심의 농가 형태를 대체할 수 있는 협업적, 기업적 농업 조직을 만들어 농촌의 산업 경쟁력을 제고하겠다는 뜻이 담겨 있다.

하지만 실제 농촌 지역에는 앞서 살펴본 협동조합과 마을 기업, 영농조합 법인, 농업회사 법인 등이 서로 뒤섞여 사업을 하고 있다. 심지어 한 사람이 협동조합과 마을 기업, 영농조합, 농업회사 등에 모두 속해 있으면서, 무엇이 정답인지 몰라 어떻게 하면 성공적으로 사업을 할 수 있을까 하고 여러 조직을 전전하면서 동분서주하는 모습을 심심치 않게 보게 된다.

이런 현실은 5천여 개의 농업법인 중 절반 이상이 영세한 규모이거나 적자를 보고 있고, 부실 경영의 문제를 안고 있는 것에서 여실히 드러났다. 또한 이들을 지원하는 정책 또한 법인의 육성 여부나 방향성이 뚜렷하지 않아 갈팡질팡하는 모습을

보이고 있다.[31]

이런 농업 법인들의 효과적인 발전을 위해서는 이들을 관리하고 상담, 지도할 수 있는 지원 조직이 있어야 한다는 목소리가 힘을 얻고 있다. 대부분의 농업 관련 상담은 기술적인 부분을 포함하여 각 지역의 농업기술 센터가 맡고 있다. 그렇기 때문에 이들 농업 관련 기업의 조직 관리도 아예 농업기술센터에서 맡아서 해야 하지 않는가 하는 의견들이 나오고 있다. 그리고 다른 사회적 경제 영역에서도 마찬가지이지만, 한시적으로 이들을 지원하는 수혜적인 지원 제도보다는 지속적이고 전문적인 지원을 해야 하지 않을까 하는 의견들이 힘을 얻고 있다. 농업 경영의 특수성을 감안할 때 지속적인 부가세 감면이나 법인세 감면 등의 혜택은 외국의 사례를 보아도 어느 정도 인정될 수 있는 부분이다.

기존의 일반 협동조합 중에 농업 관련 협동조합의 설립도 1,000건이 넘는 것으로 나타나고 있는데,[32] 이들 협동조합이나 농업 관련 마을 기업과의 연계 역시 앞으로 해결해야 할 문제로 보인다. 이들을 모두 아우를 수 있는 법적, 제도적 장치를 마련하든지, 지원 면에서 차별이 없도록 해주든지, 아니면 대폭적인 개선을 통하여 이들 조직이 모두 한꺼번에 포함될 수 있는 법 조항을 만들든지 하는 제도 개편이 있어야 하지 않을까 한다.

---

31 '농업법인의 운영 실태와 제도개선 방안' (2007, 한국농촌경제연구원)
32 '농업법인 설립 및 운영 내실화를 위한 제도 개선 연구' (2017, 한국법제연구원)

물론 법률 하나 개정하는 것으로 이런 장치들이 모두 마련되기는 어렵다. 그러므로 여러 분야의 참여자들이 함께 논의할 수 있는 장이 마련되어야 할 것이다. 한 가지 확실한 것은, 이러한 정책이 필요한 가장 기본적인 이유는 농업 관련 경쟁력의 향상과 이를 통한 소득 증대라는 점이다. 결국 이 목표를 달성하기 위해 정부는 여러 지원을 하고 있는 것이고, 농민들도 참여하고 있는 것이다.

앞서 살펴본 사회적 경제 다른 영역의 분야처럼 이곳에서도 지역성과 참여, 지속 가능 여부와 시장경제에서의 경쟁력이라는 가장 중요하고 어려운 문제를 해결해야 한다. 농촌의 현실로 보면 농민들은 그 조직이 협동조합이든 농업회사 법인이든 상관없이 홍보가 잘되고 생산물이 잘 팔리기를 바라고 있다. 법적, 제도적 지원만으로 이런 농촌 생산물의 유통이라는 난제를 풀기는 어렵다. 따라서 행정적인 지원 이외에 농업 분야에도 일반 시장경제 기업이 하는 것과 같은 강도 높은 기업의 전문성 확보와 책임 경영, 그리고 교육과 마케팅 기술이 필요하다는 점을 강조하고 싶다.

epilogue

　사회적 경제는 같이 잘살자는 개념이다. 정치적인 의도를 가지고 사회를 변혁하자는 것이 아니고, 특정 누군가에게 손해를 주면서 반사 이익을 보겠다는 것도 아니다. 크게 보면 자본주의 경제 체제의 틀 안에서 보다 효과적이면서 공정하고 평등한 발전을 이루어 보자는 의미를 가지고 있다.

　인류가 지금까지 살면서 닥친 여러 어려움과 위기들을 놀라운 적응력과 응용력을 동원하여 슬기롭게 대처하면서 살아왔기에 지금까지 지속적인 발전과 삶의 영위가 가능했다고 평가받고 있다. 굳이 진화론적이라는 말을 하지 않아도 인류는 그렇게 과거보다 더 나은 현재를 가지고 있고, 앞으로도 그렇게 될 것이다. 뭔가 부족하고 불합리한 제도나 생각, 기술 등이 있다면, 이를 개선하고 더 발전적인 방향으로 나가려는 노력은 변증법적으로도 증명된 사실이다. 따라서 자본주의 경제 체제에 단점이 노출되고 비합리적인 면이 보인다면, 미래 발전이라는 측면에서 당연히 보완하고 개선하며 앞으로 나가야 한다.

　사회적 경제는 그런 면에서 본다면 자본주의 경제 체제를 더 발전시키기 위한 개선책이며 보완책이라 할 것이다. 같은 실수를 반복하지 않기 위해서, 그리고 과거보다 더 후퇴하지 않기 위해서,

우리는 자본주의 경제 체제 안에서 사회적 경제 영역을 더 강화하고 성장시켜야 한다. 그렇게 사회적 경제 영역에 속하는 대부분의 일반 서민들의 경제력이 커진다면, 당연히 그 사회와 공동체, 국가는 탄탄한 시장 경쟁력을 가지게 되리라 본다. 일반 서민들이 사회적 경제 발전을 통해 더 나은 조직력과 기술력, 구매력을 갖게 된다면, 이것은 더 많은 소비로 이어지게 될 것이고, 그 소비를 기반으로 자본주의의 근간인 생산설비와 유통망은 더욱 발전하게 된다. 물론 기업들은 더 많은 이익이 난다. 당연한 일이지만, 우리는 이미 누구 하나의 일방적인 희생만으로는 더 이상 그 사회가 발전할 수 없다는 사실을 경험상 알고 있다.

혹자들은 사회적 경제 영역이 비효율적이고, 정부의 지원에 의지하는 보편적 복지 개념과 같이 세금만 먹는 분야라고 비판하기도 한다. 그래서 사회적 경제 영역에 투자를 하느니, 기존의 시장 경제에 속하는 일반 기업에 더 많은 투자를 하는 것이 효율적일 수 있다는 말을 한다.

물론 전체 시장 경제를 이끄는 큰 틀은 아직까지는 기존 자본주의 경제 체제의 영역일 것이다. 국가 경제나 거시경제의 시각에서 봐도, 지금의 경제 체제를 이끌기 위해 그럴 수밖에 없다. 그러나 비록 지금은 사회적 경제 영역이 규모가 작고 경쟁력이 없어 보이며 투자 대비 성과가 적은 비효율적인 분야 같지만, 고른 균형 발전과 지역적 발전이라는 화두를 생각하면, 현재의 자본주의 경제 체제의 틀에서는 이루기 어려운 일을 해낼 기특한 생각들이다. 미래 우리 사회를 생각하면, 이 분야의 발전을 가속시키기 위해 사회적 경제 분야의 주체들이 더 많아지고, 이들이 경쟁력을 가질 수 있도록 보다 효과적인 지원과 교육이 필요할 것이다.

물론 사회적 경제의 영역이라는 것도 늘 같은 형태로 있지만은 않을 것이다. 그 분야에서도 새로운 시도와 조직이 나타날 것이고, 지금의 조직이 도태될 수도 있다. 사회적 경제 영역만이 옳다고 볼 수는 없기 때문에, 기존의 자본주의 경제 체제의 여러 효과적이고 증명된 제도나 방법도 그 분야에 과감히 채용해야 할 수도 있다. 다만 이런 모든 노력과 개선은 인식의 전환, 그리고 함께한다는 공동체 의식이 바탕에 있어야 한다. 경제적 측면에서의 변화 발전은 분명 다른 법률과 복지, 문화예술 등 다양한 분야의 영역에도 긍정적인 영향을 미칠 것이고, 이것은 결국 우리의 삶을 보다 행복하고 의미 있게 만들어 줄 것이다. 모두가 함께 잘산다는 것은 사실 실현이 어려운 극히 이상적인 생각일 수 있다. 그래서 그 방향으로 다가가는 것도 쉬운 일은 아니다. 그러나 그렇게 사회가 발전적인 모습으로 변해 간다면, 모든 사람이 꿈꾸는 미래의 삶의 행복은 사회적 경제라는 틀을 통해 만들어지고 있는지도 모른다.